池上彰の世界の見方

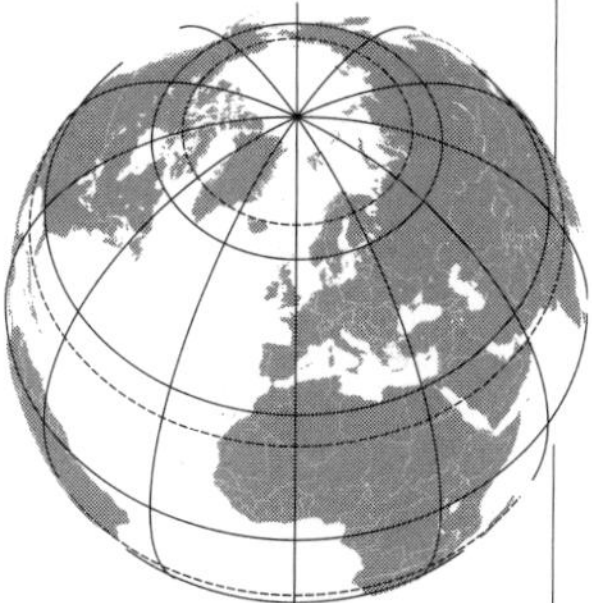

Akira Ikegami,
How To See the World

イギリスとEU
揺れる連合王国

小学館

イギリスとEU

United Kingdom of Great Britain and Northern Ireland & European Union

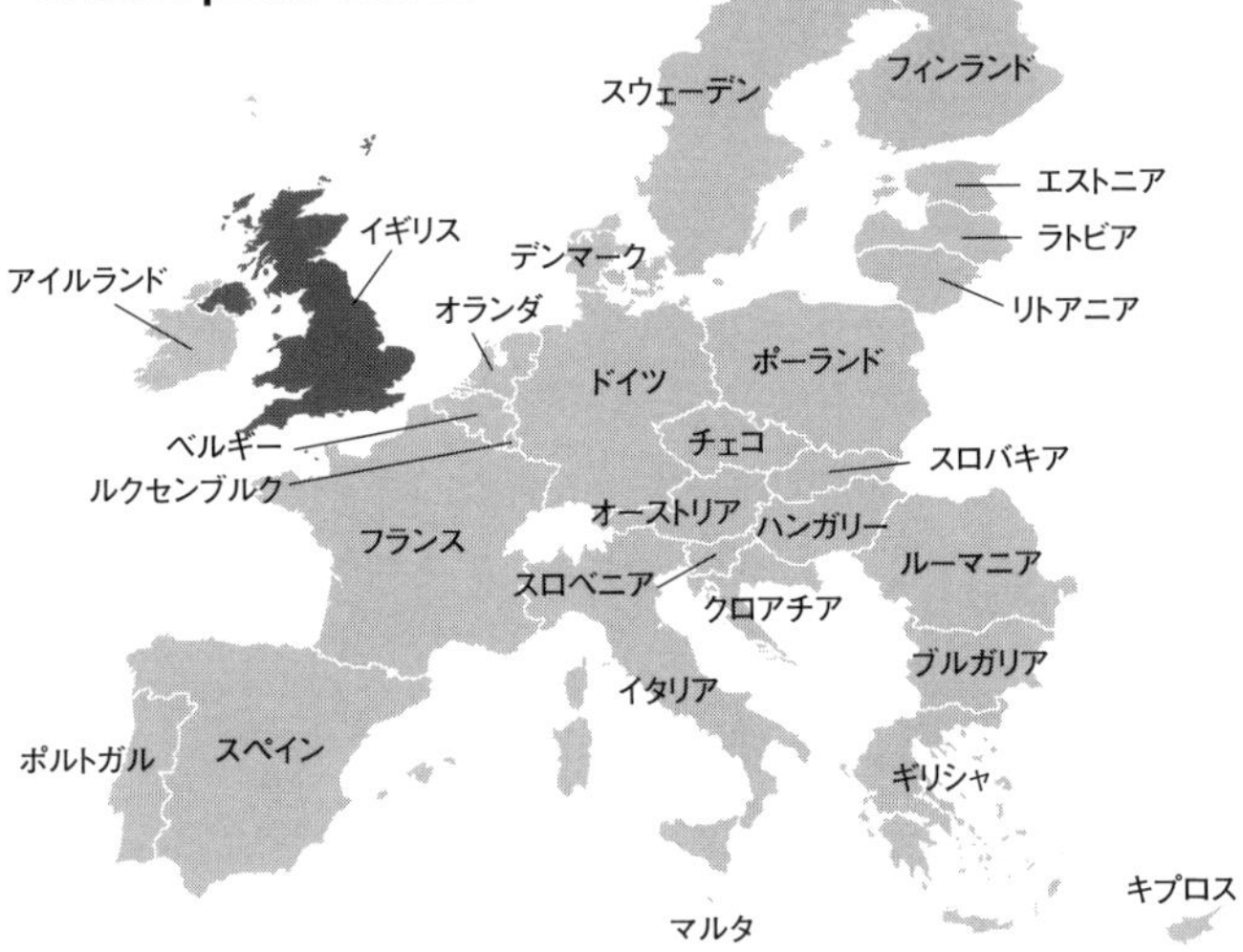

基礎データ

イギリス	**首都**	ロンドン
	面積	約24.3万平方キロメートル（日本の約3分の2）
	人口	約6600万人
	政体	立憲君主制
EU	**加盟国**	28か国
	EU 本部	ブリュッセル（ベルギー）
	面積	約 429万平方キロメートル（日本の11倍弱）
	人口	約 5 億 1246 万人（2017年）

2019年10月31日現在

出典：外務省ホームページより

はじめに

イギリスというと王室のことをすぐに思い出す人も多いことでしょう。ヘンリー王子とメーガンさんの結婚は、日本でも大きく報じられました。週刊誌ではエリザベス女王とメーガン妃の不仲説が取り沙汰されています。

王室がしばしば話題になるのは、それだけ国民の関心が高い証拠です。このところイギリスからは、ＥＵ（欧州連合）からの離脱をめぐる混乱のニュースばかりが届きましたが、混乱が続いても、国家がバラバラにならないのは、王室が重しになっているからです。

イギリスの正式名称の冒頭は「United Kingdom（連合王国）」となっています。イングランドやスコットランドなどいくつもの〝国家〟が連合し、エリザベス女王をトップに戴《いただ》いています。そもそも違う言葉を話していた異質な国々の接着剤の働きをしているのが王室なのです。

そのイギリスが、長らく混乱してきました。２０１６年に国民投票でＥＵからの離脱を決めたものの、どのように離脱するかをめぐって意見が対立したからです。

混乱の背景には、そもそもイギリスはヨーロッパなのか、という問題があります。イギリスという島国は、ヨーロッパ大陸とドーバー海峡を挟んで向かい合っています。この距離感が、イギリスとEUとの距離感につながります。

世界では隣り合った国は仲が悪いという傾向が各地で見られます。ドイツとフランスは仲が悪いという歴史がありましたが、イギリスとフランスもまた、百年戦争という長期の戦争を戦ってきた歴史があります。

そんな歴史を抱えながら、どうすれば平和的に共存していけるのか。そのひとつの答えがEUでした。ヨーロッパが二度と戦争をしないようにするためには、国境をなくし、人とものの移動を自由にすればよい。この理想のもとに欧州統合の努力が行われてきました。

さらに東西冷戦が終わって以降は、東ヨーロッパの国々もEUに加盟し、いわゆるグローバリズムが進みました。

その結果、確かに戦争は起きませんでしたが、各国はさまざまな妥協を迫られました。国境がなくなったことで、他国の労働者が大挙して出稼ぎに来るようになりました。イギリスにはヨーロッパ諸国から300万人がやってきました。

この人たちは、イギリスより所得水準の低い国から来ていますから、安い給料でも喜んで働きます。その結果、イギリスの労働者の給料が引き下げられたり、仕事がなくなったりしました。グローバリズムのマイナス面が浮き彫りになったのです。

アンチ・グローバリズムの動きが表面化したのが、国民投票での「ＥＵ離脱」決定でした。同じ年、アメリカではドナルド・トランプが大統領選に勝利しています。アメリカもグローバル化によって鉄鋼産業や自動車産業は他国の企業との競争に敗れ、失業率が上昇。仕事を失った白人労働者たちに「自分が大統領になったら海外からの輸入品に関税をかけて、みなさんの雇用を守る」と約束しました。関税をかけるというのは保護主義。まさにアンチ・グローバリズムです。

世界のアンチ・グローバリズムの動きは、イギリスから表面化していたのです。

しかし、いくらグローバリズムが格差を招き、混乱を引き起こすといっても、それを単純に否定するだけでは解決策になりません。それがイギリスの混乱につながったのです。

イギリスは議会制民主主義の大先輩。あらゆる難題を、議会を通じて解決しようとします。この努力は見習うべきでしょう。

私たちの日本の制度は、多くをイギリスから学んでいます。健康保険制度しかり、小選挙区制しかり、二大政党制しかりです。小選挙区制は、有権者の一部が投票する政党を変えただけで政権交代が起きやすい仕組みです。日本も政権交代が起きやすい政治体制にしようと、「小選挙区比例代表並立制」を導入しました。その結果、政権交代が起きたのですが、まもなく再び政権交代が起き、与党と野党の議席数の差が開き、政権交代が起きにくくなりました。他国の制度の形だけを真似《まね》してもダメなのですね。イギリスのさまざまな制度や国民性を学ぶことで、日本に参考になることは多くあるはずです。

本書は『イギリスとＥＵ』という題名です。イギリスとＥＵとの関係や歴史について取り上げていますが、ＥＵそのものに関しては、本書のシリーズである『ドイツとＥＵ』で詳しく解説していますので、そちらも参考にしていただけると幸いです。

二〇一九年一〇月

ジャーナリスト　池上　彰

目次

池上彰の世界の見方 イギリスとEU

揺れる連合王国

ユーロとシェンゲン協定には加わらなかった／なぜ国民投票をすることになったのか／ポピュリズムと国民投票／若者が選挙へ行くことの大切さ／離脱協定案は否決された／アイルランドとの国境問題／そして混乱は続いた

本書の情報は２０１９年10月31日現在のものです。

第1章

連合王国から見るイギリス

イギリスで思い浮かべることとは？

イギリスは、日本が明治以来の近代化にあたって、さまざまな分野でお手本にしてきた国です。長く憧れの国でもありました。そのイギリスが、ＥＵ（European Union 欧州連合）からの離脱をめぐって迷走を続けたのは知っていますね。なぜ、混乱することになったのか？　日本人になじみの深い国だけれど、実は知らないこともとても多いイギリスについて、これから話をしていきます。

まず、イギリスというと、どんなイメージを持っているのか、みんなに聞こうと思います。はい、誰か手を挙げて、どうぞ。

――**サッカー。**

サッカー、なるほど。強い？　弱い？

――**弱い。**

弱い（笑）。そう、そういうイメージなのかな。ほかには？

――**ビッグ・ベンの時計台。**

ビッグ・ベンは、ロンドンのウェストミンスター宮殿（英国国会議事堂　写真①）にある時計台の鐘のことだね。一般的に、時計や塔も含めてビッグ・ベンと呼ばれていますが、もともとは時計の鐘を指します。じゃあ、時計のある塔の正式名称を知ってる？

――**ああ、それは知らないです。**

エリザベス・タワーというのが正式名称なんです。2012年、エリザベス女王の在位60周年を機に名称が「クロック・タワー」から「エリザベス・タワー」に変わりました。現在改修中で工事完了は2021年の予定です。さあ、ほかにはどうかな？

――**ウィンブルドン。**

テニスのウィンブルドン大会のことだね。君たちは、「シティーのウィンブルドン化」なんて聞いたことない？

――**ありません。**

写真①―エリザベス・タワー（ビッグ・ベン）や英国国会議事堂のあるウェストミンスター宮殿｜写真提供：時事通信社

ウィンブルドン大会はもともとアマチュアの大会でしたが、1968年にオープン化してプロも参加するようになったら、強い外国選手ばかりが勝つようになって地元のイギリス選手が優勝できなくなってしまいました。

1980年代、マーガレット・サッチャーという女性首相の時に、金融の世界でさまざまな規制を取り払って自由化しました。その結果、「シティー」と呼ばれるロンドンの金融街では、イギリス系の銀行が負けちゃって、アメリカやフランス、あるいはドイツや日本の銀行ばかりが仕事をするようになってしまった。

イギリスにとっては、地元で国内の企業が活躍できなくなってしまったのは、ウィンブルドン大会と同じ現象だ、という意味で、当時「シティーのウィンブルドン化」という言葉が生まれたのです。それから、ほかには？　はい、どうぞ。

――**『ハリー・ポッター』の国です。**

ああ、そうだね。映画で主人公が魔法魔術学校へ向かう列車が出発する駅はロンドンのキングス・クロス駅。有名な壁を通り抜けるシーンの「9と4分の3番線」を再現した撮影スポットがあって、いつも観光客がいます。それから？

――**ロックミュージック。**

ロックか。好きなミュージシャンはいる？

――クイーンです。

クイーン（笑）。映画『ボヘミアン・ラプソディ』を見た？

――見ました！

『ボヘミアン・ラプソディ』を見た人？　はい、はい、ありがとう。わかりました。意外と見てないね（笑）、それよりは勉強かな。ちなみに、最初にクイーンの爆発的な人気が出たのは日本でした。クイーンが日本公演に来た時に、日本の若者たちが熱狂したというのがニュースになって、イギリスやアメリカで、あれっ、クイーンってそんなバンドだったのかという再評価になった。実はクイーンがこれだけ人気になったのは日本のおかげというわけです（笑）。ほかには？　はい。

――王室がある。

そうですね。今回の授業のために先週ロンドンでマグカップを買ってきました（p18写真②）。ロイヤルファミリーが集合しています。エリザベス女王がいて、チャールズ皇太子がいて、おっ、カミラ夫人が後ろに隠れて見えない！　なるほど、人気がないからね（笑）。ウィリアム王子夫妻とヘンリー王子夫妻はちゃんと目立っています。

こうやって並んでいるのを見ると、ヘンリー王子と結婚したメーガンさんの肌の色が違うのがわかります。メーガンさんはアメリカ人で、お母さんがアフリカ系、お父さんがオランダ・アイルランド系です。メーガンさんには離婚歴もあります。それでも受け入れるのがイギリス王室のすごいところだよね。

日本でも皇室に関するスキャンダルは報じられますけど、イギリスではもっと極端です。パパラッチと呼ばれるカメラマンたちがいっぱいいて、とにかくスキャンダラスな写真を撮ろうとして、王室のメンバーがみんな追いかけ回されています。

ほかに何かある？

――島国。

そうですね、日本と似ています。確かにイギリスという国を見ていくと、ヨーロッパの大陸とは、色々なところが違います。日本には「島国根性」っていう言葉があるでしょう？　知らない？　あっ、知らないか。君た

写真②―イギリスの土産物店で売られているロイヤルファミリーの写真のマグカップ

ち、島国根性という言葉に全然反応していないな。

「島国根性」とは、視野が狭いとか、よそ者を受け入れないとか、悪口で使われますけど、イギリスも同じようにいわれることがあります。

　私たちは、イギリスはヨーロッパの国と思うでしょう。ヨーロッパの人たちもイギリスはヨーロッパだと思うのですが、多くのイギリス人たちは、「イギリスとヨーロッパ」という言い方をします。自分たちはヨーロッパとは違うのだ、という思いを持っている人たちが実は結構います（図表①）。

　かつてまだ飛行機がない時代、ヨーロッパ大陸とイギリスとの間のドーバー海峡が濃霧になって、船が航行を一時的に運休し

図表①―**自分はEU市民であると考える人の割合**｜出典：Eurobarometer84

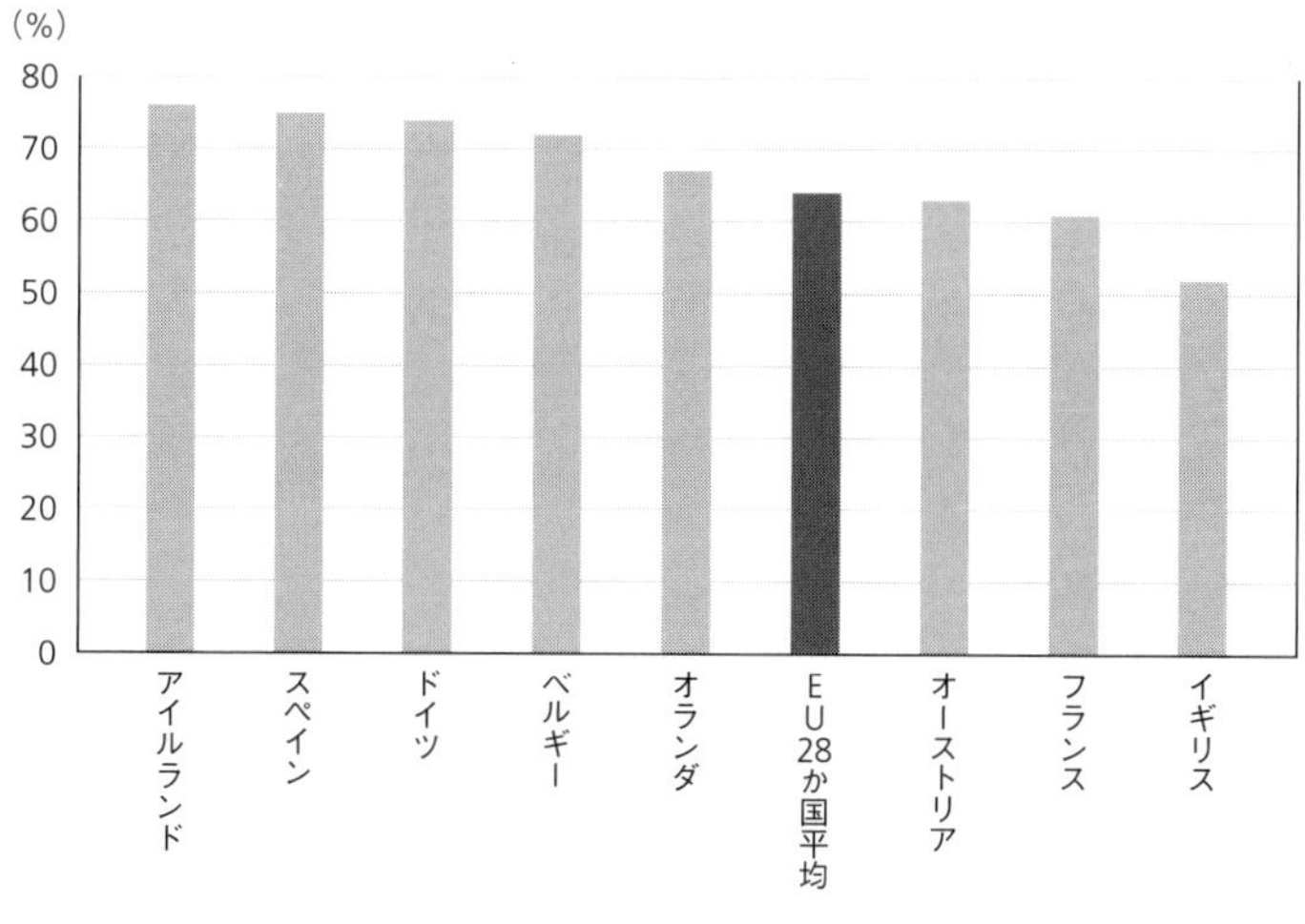

イギリスのEU離脱の是非を問う国民投票（2016年6月23日）の半年前に行われた調査の主な国の結果。イギリス人は、EU市民であるという意識が低いことがわかります。

ました。その時のイギリスの新聞の見出しが、「欧州大陸がイギリスから孤立」だったという話があります（笑）。

イギリスがヨーロッパの欧州大陸に行けなくなったのだから、「イギリスが欧州大陸から孤立」とするかと思いきや、その逆という。プライドというべきなのか、尊大なのか、ウイット（機知）に富んでいるというのか。とにかくイギリス人にはそんな意識があるし、さらに他国からもそのように見られているということです。

ちなみにこのフレーズは、ＥＵ離脱が決まった時にもよく使われました。

イギリスと聞いて思い浮かぶことはこのくらいにして、本題に入りましょう。

イギリスの正式名称は「イングランド」ではない

Q イギリスの正式名称は何か、みんな言えますか？

——**グレートブリテン**。

はい、それから？　グレートブリテンだけじゃないよ。北アイルランドの人たちが怒るよ。グレートブリテン及び……。

——**北アイルランド連合王国**。

そう、「グレートブリテン及び北アイルランド連合王国」。英語だとUnited Kingdom of Great Britain and Northern Ireland。地図（p22地図①）を見てください。グレートブリテン島のイングランドとウェールズとスコットランド、そして北アイルランド。これらの連合王国というのが正式の名前になるのです。

――ブリテン島はそう広くないのに、どうして三つの国に分かれているのですか？

それは、もともとまったく別々の国が三つあったからです。イギリスというのは、イングランド王が王位を兼任するやり方でブリテン島を統治してきた歴史があります。現在はエリザベス女王が連合王国の君主ですよね。

三つの国が「グレートブリテン及び北アイルランド連合王国」に組み込まれるまでの歴史をざっと振り返ってみましょう。

ブリテン島には紀元前5世紀頃にケルト人がやってきたといわれています。ウェールズとスコットランドは、もともとケルト人の国で、イングランドより歴史が古いのです。イングランドは、ゲルマン民族の大移動でブリテン島にやってきたアングロ＝サクソン人の国で10世紀頃成立しました。その後イングランド王国が強大化し、１２８４年にウェールズを支配下に置きます。

さらに、１７０７年にスコットランド王国を併合し「グレートブリテン連合王国」がで

シェトランド諸島
オークニー諸島
ヘブリディーズ諸島
スカイ島
ネス湖
アバディーン
スコットランド
マル島
北海
アイレー島
（アイラ島）
エディンバラ
グラスゴー
グレートブリテン島
北アイルランド
ベルファスト
イギリス王室
属領マン島
リーズ
アイルランド島
アイリッシュ海
リバプール
マンチェスター
ダブリン
イングランド
アイルランド
バーミンガム
ウェールズ
ロンドン
カーディフ
ブリストル
ドーバー海峡
イギリス海峡
大西洋
イギリス王室属領
チャネル諸島
ガーンジー島
ジャージー島
パリ
フランス
ブルターニュ半島

地図①—イギリス地図

き、1801年にアイルランド王国を併合して「グレートブリテン及びアイルランド連合王国」になります。そして1922年にアイルランド自由国が成立、49年にアイルランド南部（現アイルランド共和国）が分離独立し北部がイギリスに留まって、現在の「グレートブリテン及び北アイルランド連合王国」となりました（p24図表②）。

――北アイルランドは、なぜイギリスに残ったのですか？

地図を見ると、どうしてアイルランド島のここだけイギリスなのか、と思うよね。アイルランドはカトリックの国ですが、北部にはグレートブリテン島からの移民が多かったためプロテスタント教徒が多いのです。分離する時に、北アイルランドの多数を占めるプロテスタント教徒たちは、プロテスタントの国であるイギリスに残ることを望みました。

でも、それで丸く収まりはしなかったのです。北アイルランドで少数派のカトリック教徒たちは、アイルランドへの併合を求めてプロテスタントの住民と対立し「北アイルランド紛争」が起きます。北アイルランド紛争については第3章で詳しく解説しましょう。というのも、EU離脱協定がすんなりいかなかった原因に大いに関係があるからです。

図表②—**イギリス、現在の連合王国への道のり**

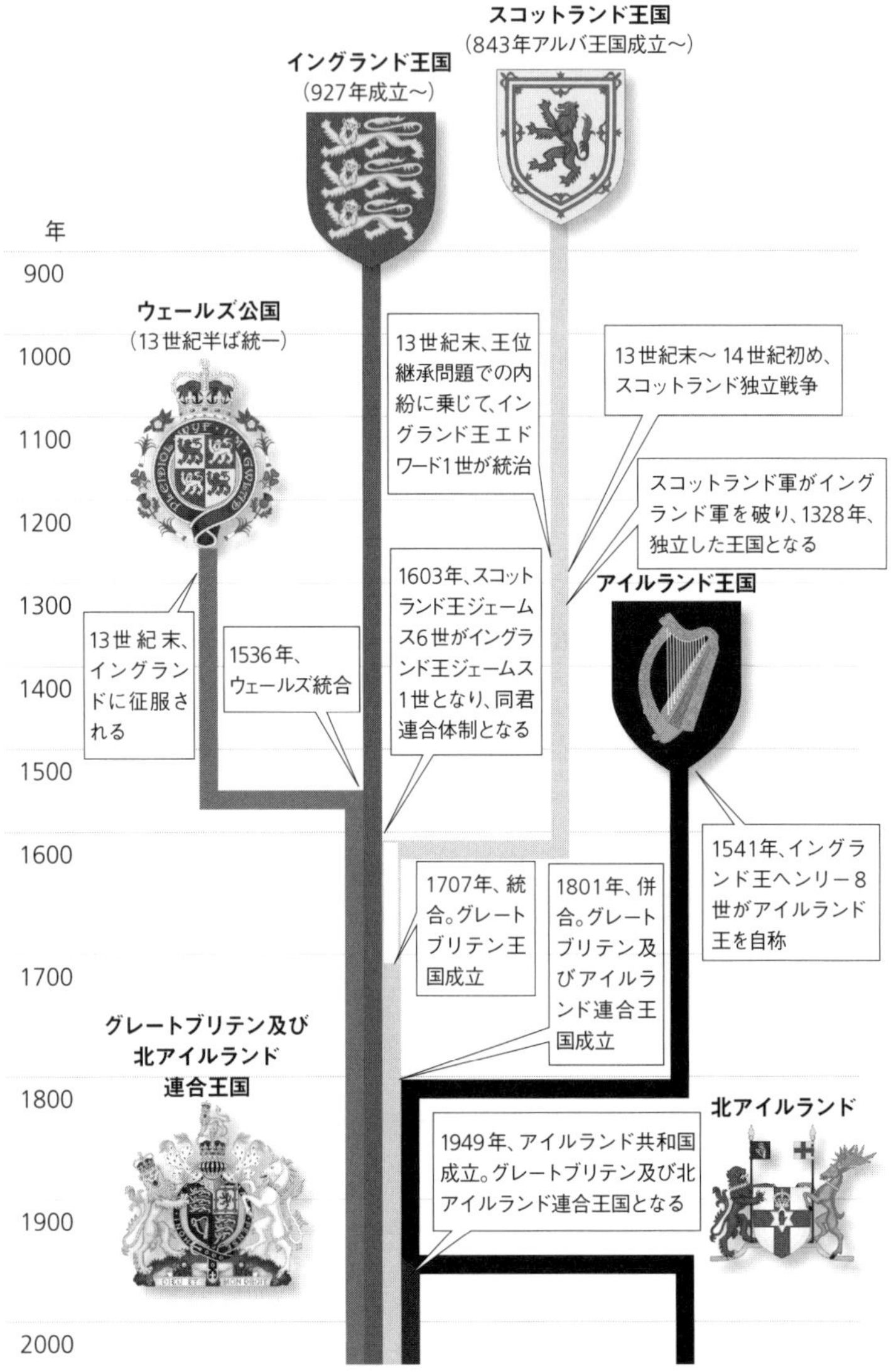

国名の下にあるのはそれぞれの国の紋章

イギリス人の呼び方には注意が必要

連合王国の成立過程を見ると、ウェールズ、スコットランド、アイルランドは独立した王国だったのに、イングランドによって併合され、服従させられたわけでしょう。スコットランドが独立するかしないかの住民投票をした時、世界中が驚いたよね。でも、歴史的背景を知れば、理解できます。

だから、イギリス＝イングランドと思ってはいけないということですね。イギリスからやってきた人に「イギリスのかたですか？」と聞くつもりで「Are you an English?」と聞くと、おれはスコットランド人だとか、私はウェールズ人よ、とか怒られてしまいますから気をつけましょう。

四つの国の人たちを英語で呼ぶと、イングランドの人はイングリッシュ（English）、ウェールズの人はウェルシュ（Welsh）、スコットランドの人はスコティッシュ（Scottish）、北アイルランドの人はノーザンアイリッシュ（Northern-Irish）です。

それぞれ異なる歴史や文化を持った民族が集まっている連合王国（p26図表③）なので、本来は地域ごとに分けて呼ぶほうが好ましいのですが、相手の出身がわからなかったり、

図表③—**連合王国を形成する各国の概要**　｜出典：イギリス国家統計局ほか

イングランド

中心地　ロンドン
人口　5562万人（2017年）
面積　130,400 km^2
言語　英語、コーンウォール語
議会　なし
法制度　イングランド法
産業　サービス業、金融業、自動車工業、金属加工業、牧羊業、酪農業、農業など

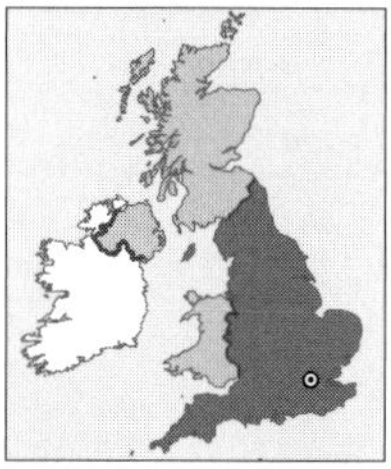

ウェールズ

1536年、イングランドと統合

中心地　カーディフ
人口　313.5万人
面積　20,782 km^2
言語　英語、ウェールズ語
議会　ウエールズ議会（1999年設立）
法制度　イングランド法、ウェールズ法
産業　牧羊業、石油関連事業、観光業など

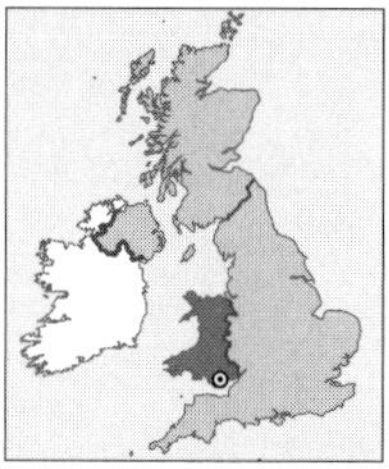

スコットランド

1707年イングランド、ウェールズと統合

中心地　エディンバラ
人口　542.5万人
面積　80,080 km^2
言語　英語、スコットランド語、ゲール語
議会　スコットランド議会（1999年復活）
法制度　スコットランド法
産業　石油関連事業、電子機器、造船業、航空業、酪農業、牧羊業、漁業、造酒業など

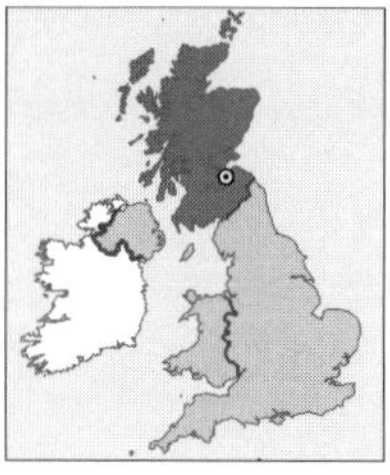

北アイルランド

1801年、グレートブリテン連合王国に統合される。アイルランドと分離してイギリスに留まる

中心地　ベルファスト
人口　187.1万人
面積　14,130 km^2
言語　英語、スコットランド語
議会　北アイルランド議会（1998年復活）
法制度　北アイルランド法
産業　酪農業、農業、漁業、機械業、造船業、繊維業、観光業など

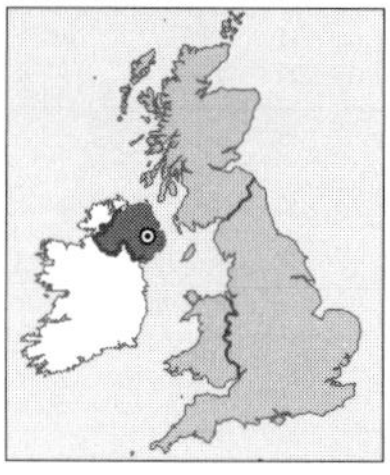

イギリス人を総称したりする場合は、ブリティッシュ（British）というのが一般的です。そして、イギリスの略称はＵＫ（United Kingdom）です。

なぜ皇太子は「プリンス・オブ・ウェールズ」か

ロンドンやオックスフォードのあるイングランドに比べると、ウェールズやスコットランド、北アイルランドについては、あまり知られていませんね。ウェールズ、スコットランド、北アイルランドにも有名なものがあるのですが。では、ここで問題です。

Q イギリスの皇太子の称号はなんでしょう？

――プリンス・オブ・ユナイテッドキングダム……？

立場としてはそうなんだけど、称号は別なんです。皇太子の称号はいくつかあるのですが、最も有名なのはプリンス・オブ・ウェールズです。なぜウェールズが入っているのか。13世紀末にイングランド王エドワード1世がウェールズを征服したあと、ウェールズで生まれた王子に「プリンス・オブ・ウェールズ」の称号を与えました。それ以降、イギリスの皇太子の称号になったのです。現在は、チャールズ皇太子がプリンス・オブ・ウェールズですね。
ウェールズは山や湖の自然が豊かで、伝説や民話には、魔法や妖精、ドラゴン（龍）がよく登場します。祖先であるケルト民族の神秘的な文化が感じられる国です。
スコットランドは、どうだろう。有名なものがいっぱいあるけど、誰か？　はい。

――タータンチェック。

日本の学校の制服にも使われているよね。民族衣装の男性が着るスカート、キルトもタータンチェックです。ほかには？

――スコッチウィスキー。

有名だよね。イギリスの主要輸出品のひとつになっています。

――ゴルフ発祥の地です！

セント・アンドリュースのゴルフコースは世界中のゴルファーが一度は訪れたいと思う聖地だよね。スポーツでいえば、最近人気のカーリングもスコットランド発祥といわれています。メイド・イン・スコットランドは実は私たちの周りにたくさんある、ということだね。卒業式などで歌われる『蛍の光』も、もともとはスコットランド民謡です。
では、北アイルランドで思い浮かぶことはありますか。北アイルランドの中心都市はベルファストですが、ここは造船業で栄えた町で、あのタイタニック号を造った場所です。

造船された跡地にはタイタニック博物館が建てられています。

先ほど、北アイルランドでは「北アイルランド紛争」という悲惨な内紛があったと言いましたね。和平合意を結んだ場所がベルファストです。この地名を覚えておいてください。

「イギリス」という呼び名はどこからきたのか

イングランド以外の3国が少し身近に感じられたでしょうか。では、日本では、「グレートブリテン及び北アイルランド連合王国」のことをなぜイギリスと呼んでいるのでしょうか?

戦国時代から江戸時代にかけて、ポルトガル人やスペイン人、オランダ人が日本に来ていました。イギリスが連合王国になる前はイングランドが圧倒的な力を持っていたので、イングランドを指すポルトガル語の「イングレス」、あるいはオランダ語の「エゲレス」が日本に伝わって「イギリス」となった、というのが有力な説です。

そして外国のことを漢字で当て字にしたでしょう。イギリスの場合は、中国語でイギリスを意味する「英吉利」を取り入れ、これを略して「英国」になったといわれています。

ちなみに、イギリスの国旗であるユニオンフラッグは、イングランドとスコットランドと北アイルランドの三つの国の旗を合わせたものなんです（図表④）。ウェールズは入っていません。ウェールズの旗は、白と緑の地色にレッドドラゴン、赤い龍を組み合わせたものなのですが、それは入っていない。

　というのも、ウェールズは13世紀末という非常に早い段階でイングランドに支配されてしまったため、現在のイギリスの旗がつくられる過程においては入っていない、ということです。

サッカーやラグビーでは「イギリス代表」が存在しない？

　授業の始めに、イギリスといえばサッカー、という話が出ましたけど、ワールドカップで

図表④―ユニオンフラッグの成り立ち

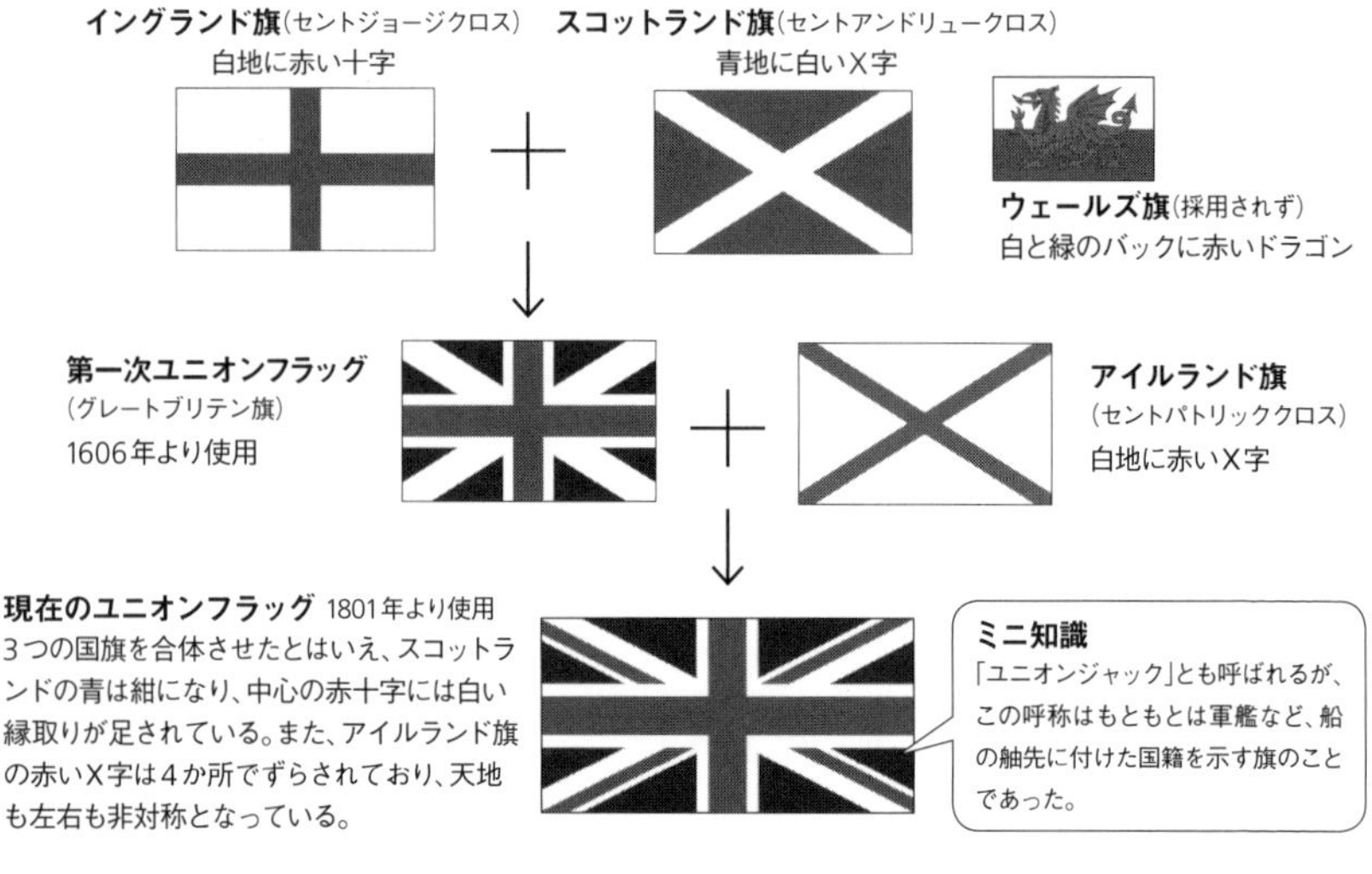

イングランド旗（セントジョージクロス）
白地に赤い十字
スコットランド旗（セントアンドリュークロス）
青地に白いX字
ウェールズ旗（採用されず）
白と緑のバックに赤いドラゴン
第一次ユニオンフラッグ
（グレートブリテン旗）
1606年より使用
アイルランド旗
（セントパトリッククロス）
白地に赤いX字
現在のユニオンフラッグ 1801年より使用
3つの国旗を合体させたとはいえ、スコットランドの青は紺になり、中心の赤十字には白い縁取りが足されている。また、アイルランド旗の赤いX字は4か所でずらされており、天地も左右も非対称となっている。
ミニ知識
「ユニオンジャック」とも呼ばれるが、この呼称はもともとは軍艦など、船の舳先に付けた国籍を示す旗のことであった。

イギリス代表ってないよね。イングランドだったり、スコットランドだったり、それぞれの国で出てきます。ちなみにイギリスをはじめ多くの国では、あの競技のことをサッカーとは呼びません。フットボールです。日本はサッカーで定着しているので、この授業ではサッカーを使います。

イングランドとスコットランドって、仲が悪くて、ワールドカップにイングランドが出ると、スコットランドの人たちは、戦う相手国のほうを応援するんだよね。逆に、スコットランドが出た場合も、イングランドの人たちは相手のよその国を応援する。

でも、なぜイギリスだけ複数のチームを出せるんだろうか。サッカーはイギリス発祥のスポーツでしょう。世界最古のサッカー協会であるイギリスのサッカー協会は、１８６３年に創立されています。ＦＩＦＡ（国際サッカー連盟）ができたのは、それから40年もあとです。ＦＩＦＡは、サッカー発祥の地で圧倒的に強かったイギリスにぜひ加盟してほしかったので、４か国での加盟を認めた、といわれています。

ただし、オリンピックは、ＩＯＣ（国際オリンピック委員会）が一国一代表としています。２０１２年のロンドンオリンピックの時、自国開催ということで、男女とも「イギリス代表」を結成しましたが、４年後のリオデジャネイロ大会では、イングランド以外の３国が拒否して、イギリス代表はつくれませんでした。

ラグビーも、イギリスが発祥ということで、サッカーと同じような経緯でイングランド、ウェールズ、スコットランド、アイルランドがワールドカップに出場しています。ただしアイルランド代表が、アイルランドと北アイルランドの合同チームになっています。これがサッカーとの違いです。

ラグビーのアイルランド協会は、アイルランド共和国が独立する前からあったので、2国に分かれてもひとつの代表チームとして続いているのです。国の分裂とともに北アイルランド代表とアイルランド共和国代表に分かれたサッカーとは対照的ですね。

2019年、日本で開催されたラグビーワールドカップでも、アイルランドは統一チームだったので、アイルランド国歌は使われず、統一チームの歌「アイルランズ・コール」が歌われたんですよ。

プラスチックの紙幣に移行中

イギリスが連合王国だということがよくわかるのが、紙幣です。ですので、いろいろなお札を持ってきました。お札を見ながら話を進めていこうと思います。

イギリスはEUに加盟しているけれど、1999年のユーロ導入（2002年流通開始）

以降も通貨は従来のポンドを使い続けています。

　イングランド銀行が発行するポンド紙幣が、今、どんどんプラスチック製に移行しているのを知ってる？　合成樹脂からできているポリマーが使われていて、水に濡れても丈夫だし、しわにならない、紙よりはるかに長もちする、というわけです。

（紙幣を掲げながら）これは、５ポンド紙幣。５ポンドは、２０１６年９月からプラスチックのお札になりました。日本でも新紙幣のデザイン案が発表され話題になりましたね。ポンドは新紙幣になっても、表側はどの紙幣もエリザベス女王ですが、裏側は異なるイギリスの著名人になっています。

Q ５ポンド札の裏のこの人は誰でしょう？

――チャーチルです！

　そう、第二次世界大戦でイギリスを勝利に導いた首相、ウィンストン・チャーチルです。続けていきますよ。10ポンドは２０１７年９月から新紙幣になりました。裏面の女性は、ジェーン・オースティン。19世紀の小説家で『高慢と偏見』という作品が有名です。旧紙幣のほうも持ってきました。

Qこれは古いほうの10ポンド札。裏のひげのおじさんは誰かわかる？

――ダーウィン？

よくわかったね、正解です。チャールズ・ダーウィンはイギリス人で、「進化論」を唱えた人です。それまで、神様が人間をつくったとされていたのに、ダーウィンは、いやいや、進化の過程で今の人間が生まれたのだ、と主張しました。つまり、キリスト教の考え方を否定したわけだ。そのダーウィンのお墓は、ロンドンのウェストミンスター寺院の中にあります。

すごいでしょう、イギリスって。キリスト教の教会の権威を真っ向から否定した人のお墓が教会の中にある。皮肉だよね。ちなみに、２０１８年に亡くなった車いすの天才物理学者、ホーキング博士も、神様は宇宙誕生に関与していないということを言いました。つまり無神論者です。彼も、ウェストミンスター寺院に葬られています。

さあ、では20ポンドにいってみようか。20ポンドは、２０２０年から新札に変わる予定です。裏の人物は、ロマン主義の画家ターナーになるそうです。

Qでは、まもなく古いお札になる20ポンド紙幣のこの人物は？

――……。

これはちょっと難しいかな。わかる人いますか？

――わかりません。かなり古い人の感じですが……。

そうだね、すごく古い髪形だよね。18世紀の哲学者で経済学者のアダム・スミスです。見えざる手に導かれて市場が回っていると唱えた、「経済学の父」といわれる人です。

八つの銀行が紙幣を発行している

今みんなに見せたのは、全部イングランド銀行（Bank of England）が発行したお札です。イングランド銀行は、日本でいえば日本銀行に当たります。日本では日本銀行のみが紙幣を発行しているよね。一国一通貨の原則からいえば、政府公認の中央銀行だけが発行すると思うでしょう。でも、イギリスは違うのです。

紙幣はイングランド銀行以外にも、スコットランドと北アイルランドの地元銀行が発行しているのです。

スコットランドでは、なんと三つの銀行が紙幣を発行しています。スコットランド銀行、王立スコットランド銀行、クライズデール銀行。いずれも市民や企業のお金を預かる市中銀行です。日本でいえば、三井住友や三菱ＵＦＪなどと同じです。

さらに、北アイルランドでは、アイルランド銀行、ファースト・トラスト銀行、ダンスク銀行、アルスター銀行という四つの市中銀行が紙幣を発行しています。アルスター銀行というのは、北アイルランドのあたりはもともとアルスター地方と呼ばれる地域でした。その呼び名でできている銀行ですね。

ウェールズは独自に発行せず、イングランドのポンド紙幣を使っています。

つまり、イングランド、スコットランド、北アイルランドの3地域において、全部で八つの銀行が紙幣を発行しているというわけです。なぜ、そんなことになっているのか？

19世紀半ばに、イングランド銀行にのみ紙幣発行権を与えるという銀行条例が議会で成立したのですが、イングランドとウェールズでしか施行されなかったのです。スコットランドとアイルランドでは、銀行の紙幣発行権が保持されて、今に至っています。

スコットランドと北アイルランドにしてみれば、イングランドに併合される前から独自に銀行があって発行してきた。イングランドに政治も経済も舵取《かじと》りされているけれど、通貨の発行はアイデンティティとしてやめない、という思いがずっとあるのだろうね。イギ

写真③―**イギリスの主な紙幣**

出典:Bank of England、ACBI

＊紙幣の上の文字SPECIMENは、見本の意味

	表面	裏面
イングランド銀行	 エリザベス女王(各紙幣共通)	 5ポンド ウィンストン・チャーチル(政治家)
		 20ポンド アダム・スミス(哲学・経済学者)
王立スコットランド銀行	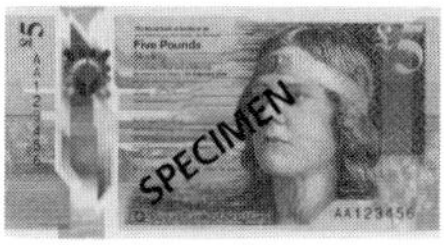 5ポンド ナン・シェパード (詩人・作家)	 5ポンド 2匹のサバ (サバはスコットランドの名物)
アイルランド銀行	 レディ・ヒベルニア (アイルランドをあらわす女性 各紙幣共通)	 旧ブッシュミルズ蒸留所 (世界最古のウイスキー蒸溜所 各紙幣共通)
アルスター銀行 珍しい縦型の紙幣	 5ポンド フクシア(アイルランドの代表的な花)と蝶	 5ポンド ストラングフォード湖と海辺で遊ぶ家族

リスは、独立した国が一緒になってできた連合王国、ということがお札事情からよくわかります。

実物の紙幣を見てみましょう（p37写真③）。スコットランドの王立スコットランド銀行、クライズデール銀行、北アイルランドのアイルランド銀行、アルスター銀行のお札を持ってきたので、みなさんに回します。

八つの銀行で発行されている紙幣はイギリスどこでも使えますが、イングランドでは、だいたいイングランド銀行ばかりですね。スコットランドに行くと、イングランド銀行とスコットランドの銀行両方のお札が使われています。北アイルランドの紙幣を見るのは珍しい、という感じかな。

なお、イングランド銀行以外の紙幣についてはイギリス国内では使えますが、イギリス国外では使用も両替もできません。だから、イギリスを出国する前に使い切るか、両替を済ませておく必要があるので気をつけましょう。もちろん、土産に持って帰るのもいいですが。

イングランドとスコットランドの仲が悪い理由

――スポーツでも紙幣でも、スコットランドはイングランドに対抗していますよね。どうしてそんなに仲が悪いのですか？

それは、イングランドが武力でスコットランドを制圧し、服従させてきた長い歴史があるからです。スコットランドとイングランドの間に何があったか少し詳しく振り返ってみましょうか。

スコットランド王国は9世紀に成立したとされますが、11世紀にイングランド王国がスコットランド王国への侵攻を開始。争いはやまず両国間の緊張はずっと続きます。17世紀初めには両国の国王を同一人が兼ねる「同君連合」となりました。同じ国王を仰ぐけれど国家としては独立している、という体制です。イングランドは、前王のエリザベス1世に世継ぎがいなかったため、イングランド王家と血縁関係にあった、スコットランド王ジェームズ6世をイングランド王（ジェームズ1世）として迎えました。

しかし、1707年、ついにイングランドに併合されて、国家としては消滅します。スコットランド議会は解散してイングランド議会に吸収されますが、議会の議席配分は少なく、著しく不公平でした。18世紀中頃にはキルト、バグパイプ、ゲール語（ケルト系言語）の使用が禁止されます。その後、再び使用は許されますが、学校で英語教育が徹底されたため、スコットランドのゲール語は衰退してしまいました。

このように政治・経済・文化などさまざまな面で差別・弾圧を受けてきたスコットランドの反イングランド感情は根深いものなのです。

サッカーの日本対韓国の試合で、韓国側が強烈にファイトを燃やす例もありますね。日本でも似たようなことがあるのです。たとえば、琉球《りゅうきゅう》王国は薩摩藩によって植民地のようにされて、さまざまな物資を薩摩藩に収奪されていたでしょう。明治以後は日本に編入されて、沖縄県となり、悲惨な太平洋戦争に巻き込まれた。戦後はアメリカに統治されて、返還後も米軍基地がいっぱいあって苦しんでいる。その歴史に対する恨みというのは、やっぱり、あるわけです。

だから、「なんで沖縄にだけアメリカ軍基地がいっぱいあるんだ。我々は日本から独立して、もう一度琉球となって、琉球とアメリカで安全保障条約を結べばいいじゃないか」と言っている人たちも実はいるのね。日本から独立したいと思っている人たちがいる。そういった地元住民の感情は、現地に住んでいなければわからない、ということだよね。

あるいは戊辰《ぼしん》戦争ってあったでしょう。新政府派と旧幕府派の戦い。旧幕府派だった地方では戊辰戦争に負けたという悔しくてつらい思いが、ずっと残っているんです。だから会津（福島）の人たちにとっては、今でも長州（山口）に対するある種の感情っていうのがあるんだよね。だけど、逆に勝利したほうは、負けた側の人たちがそれほどの思いをずっと抱えているなんてことを知らずにいるということもあるんです。

負けた側は忘れない、ずっと相手への恨みを持っている。イギリスにおいては、イングランドとスコットランドの関係がそうなんだ、ということです。

スコットランドで独立の是非が問われた

2014年9月18日に、スコットランドで、イギリスからの独立の是非を問う住民投票が行われました。どうしてそんな事態になったのか。その背景を説明しましょう。

スコットランドは、イングランドに併合されたあとも、イングランドへの敵がい心を持ち続けてきたっていうのはわかったね。

18世紀後半から始まった産業革命以降、スコットランドの主要産業である石炭は、大英帝国を支える原動力だったのに、スコットランドはイングランドの重税などの圧政に苦しみ続けました。さらに1960年代に北海油田（p42地図②）が発見されると、70年代には石油基地として大きな発展をとげますが、スコットランドは油田の主要海域を抱えているのにイギリス政府に収益を吸い上げられ、不満が膨れ上がっていきます。

1980年代から90年代にかけては、保守党のサッチャー政権が、スコットランドの炭

地図②—北海油田　　出典：OSPER 2014

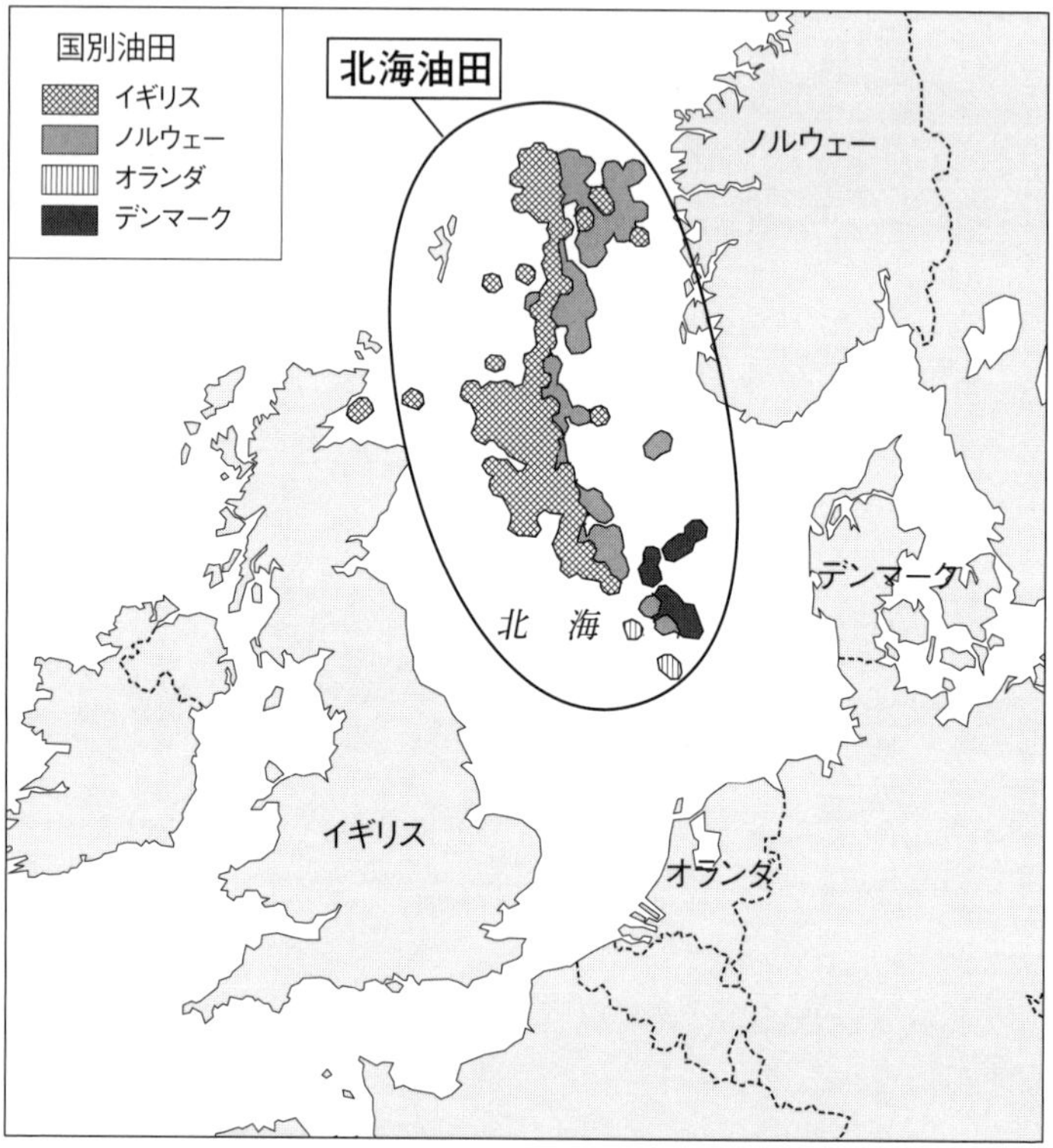

北海油田ではイギリス、ノルウェー、デンマーク、オランダが開発・採掘している。全域の約半分がイギリスの主権域。イギリス石油ガス当局によると、推定残存埋蔵量は200億バレルで、この先20年間は十分に生産を維持できるという。

鉱閉鎖を進めて失業者が急増。さらに人頭税をイングランドやウェールズより1年先行して導入するなど、スコットランドに厳しい政策をとりました。

人頭税というのは、18歳以上の住民に一律に同額を課すという税金です。低所得者に大きな負担を強いるため国民の反発を招き、サッチャー首相を辞任に追い込む引き金になりました。

スコットランドでは、こうした経済や行政への不満から、独立の機運が高まります。それに呼応するように、スコットランドの分離独立を主張するスコットランド国民党（SNP）という地域政党が勢力を伸ばします。

イギリス政府は、この動きを抑えようと、スコットランド、ウェールズ、北アイルランドにそれまでなかった議会を設置し、地方自治を認めました。しかし、スコットランドの独立機運はかえって高まり、イギリス政府の思惑がはずれてしまいます。

2011年5月のスコットランド議会の総選挙で独立を公約にしたスコットランド国民党が議会の過半数を占め、党首のアレックス・サモンドが自治政府の首相になります。

翌年、サモンド首相はイギリスのデーヴィッド・キャメロン首相と会談。スコットランド議会とイギリス政府が、住民投票の実施で合意しました。

独立反対派が辛勝した

そして、迎えた2014年9月18日の投票日。投票は、「スコットランドは独立国家になるべきか」の設問に対し、二者択一で投票、賛成が過半数を占めれば独立が決まる、というものでした。

結果は、賛成44・7%、反対55・3%で、独立は否決されました。投票率は84・6%で住民の関心の高さを示しました。

——スコットランドは、独立すれば北海油田を独り占めできるとか、完全な自治権を得られるとか、メリットばかりの気がするのですが、反対派がなぜ勝ったのですか？　連合王国に残るメリットってなんでしょうか？

はい、独立したとするならば、たとえば通貨の問題があります。独立派は、独立後もポンドを使用すると表明したのですが、イギリス政府は独立するならば、ポンドを使わせないという考えを示しました。これはスコットランド分離を食い止めるための作戦ですね。

スコットランド独立派は、「じゃあ、我々はEUに入ってユーロを使う」と言うのですが、EU加盟を申請してすんなり認められるかどうかわかりません。

さらに、問題は国防です。第6章で詳しく解説しますが、イギリスは軍事大国です。核兵器を持っていますね。核ミサイルを積んだ原子力潜水艦の母港はスコットランドのクライド海軍基地です。スコットランドが独立したら、その原子力潜水艦は出ていくことになります。スコットランドは自分たちで軍備を増強しなければいけなくなる。さあ、どうするのか、という問題だね。

それに、もう300年以上もイギリスの一部だったわけだ。イングランドやウェールズ、北アイルランドと切り離されてしまったら、商売が成り立たない、今のままでいい、という人も大勢いるわけです。

スコットランドの人たちは、歴史認識を共有していても、現実を踏まえて独立反対に投票する人が多かったということですね。

王室が連合王国をまとめている

スコットランドの独立は住民投票で否決されたものの、イギリスから独立したい人が約45％いる、という現実が突き付けられたわけです。

これから第2章で取り上げますが、2016年6月にEU離脱の賛否を問う国民投票が行われ、離脱が多数を占めました。投票結果（p75図表⑨）を地域別に見ると、イングランドとウェールズは離脱が多数、スコットランドと北アイルランドは残留が多数、という結果でした。地域によって、EU離脱への態度が分かれたのです。

親EUのスコットランドはイギリスに残留することを選び、イギリスはEUを離脱することを決めてしまった、というスコットランドにとっては皮肉な結果になりました。イギリスがEUを離脱するなら、スコットランドの独立を求める住民投票を再度行うべきだ、と主張する声も出ています。

もともと異なる国が集まってできた連合王国は、何か起きるとすぐに崩れてしまうかもしれないという弱さがあるのですね。

それをつなぎとめているのが、実はイギリスの王室です。エリザベス女王がいることによって、バラバラになりそうなイギリスがなんとかまとまっているのです。

イギリスの歴史を振り返ると、国王から少しずつ権限を取り上げて国王の力を弱めていった歴史ともいえます。世界で初めて国王の権限を制限したマグナカルタ（1215年）や、国王に議会の要求を認めさせた名誉革命（1688～89年）を起こしてきたでしょう。長い時間をかけて少しずつ国王の力を弱めてきたけれど、王室は存続し続けました。

フランスは、国王の首をギロチンで切ってしまった。フランス革命（1789～99年）

でルイ16世は処刑されて共和制になったよね。だから、フランスに国王はいません。国家元首の大統領を選挙で選ぶ。選挙で複数の候補から選ぶとなると、必ず当選した人に反対する人たちもいるわけでしょう。アメリカも同じだよね。トップを選挙で選ぶ国は、政治的な対立が起きやすいし、起きてしまうと不安定になりやすい。

ところが、イギリスの場合は立憲君主制で、四つの別々の国の連合なのだけれども、どこもエリザベス女王を君主としている。だから、行政組織のトップである首相には反対意見もあるけれど、女王のもとのイギリス、ということでバラバラにならない。ひとつの国としてまとまりを保っているのは王室があるから、というわけです。

図表⑤―**ヨーロッパの主な王室**｜出典：BUSINESS INSIDER・GO Banking Ratesほか

Royal famiry in Europe

	現君主	在位	政体	個人資産(純資産)
イギリス	エリザベス2世(女王)	1952年2月～	君主制	5～6億ドル
オランダ	ウィレム・アレキサンダー(国王)	2013年4月～	君主制	ベアトリクス前女王(2013年退位) 2～3億ドル
スウェーデン	カール16世グスタフ(国王)	1973年9月～	君主制	7000万ドル
スペイン	フェリペ6世(国王)	2014年6月～	君主制	2000万ドル
デンマーク	マルグレーテ2世(女王)	1972年1月～	君主制	4000万ドル
ノルウェー	ハラルド5世(国王)	1991年1月～	君主制	3000万ドル
ベルギー	フィリップ(国王)	2013年7月～	君主制	1300万ドル
モナコ公国	アルベール2世(大公)	2005年4月～	君主制	10億ドル
リヒテンシュタイン公国	ハンス・アダム2世(大公)	1989年11月～	君主制	50億ドル
ルクセンブルク大公国	アンリ(大公)	2000年10月～	君主制	40億ドル

ヨーロッパの王室といえば、ベルギー、オランダ、デンマーク、スウェーデンなどにも、国王や女王がいます（p47図表⑤）。

たとえば、ベルギーという国には、ベルギー語という言葉がありません。ベルギーという国は、北側はオランダ語圏で、南側はフランス語圏、東側の一部はドイツ語圏、三つの言葉が使われています。文化も違います。何かあるとバラバラになりそうですが、それをかろうじてつなぎとめているのがベルギーの王室なのです。

ベルギーの国王は南部に行った時はフランス語であいさつをし、北部ではオランダ語で、東部ではドイツ語を使います。三つの言葉を駆使することによって国のまとまりを維持している。王室には、そういう役割もあるのだ、ということを心にとめておいてください。

第2章

EU離脱から見るイギリス

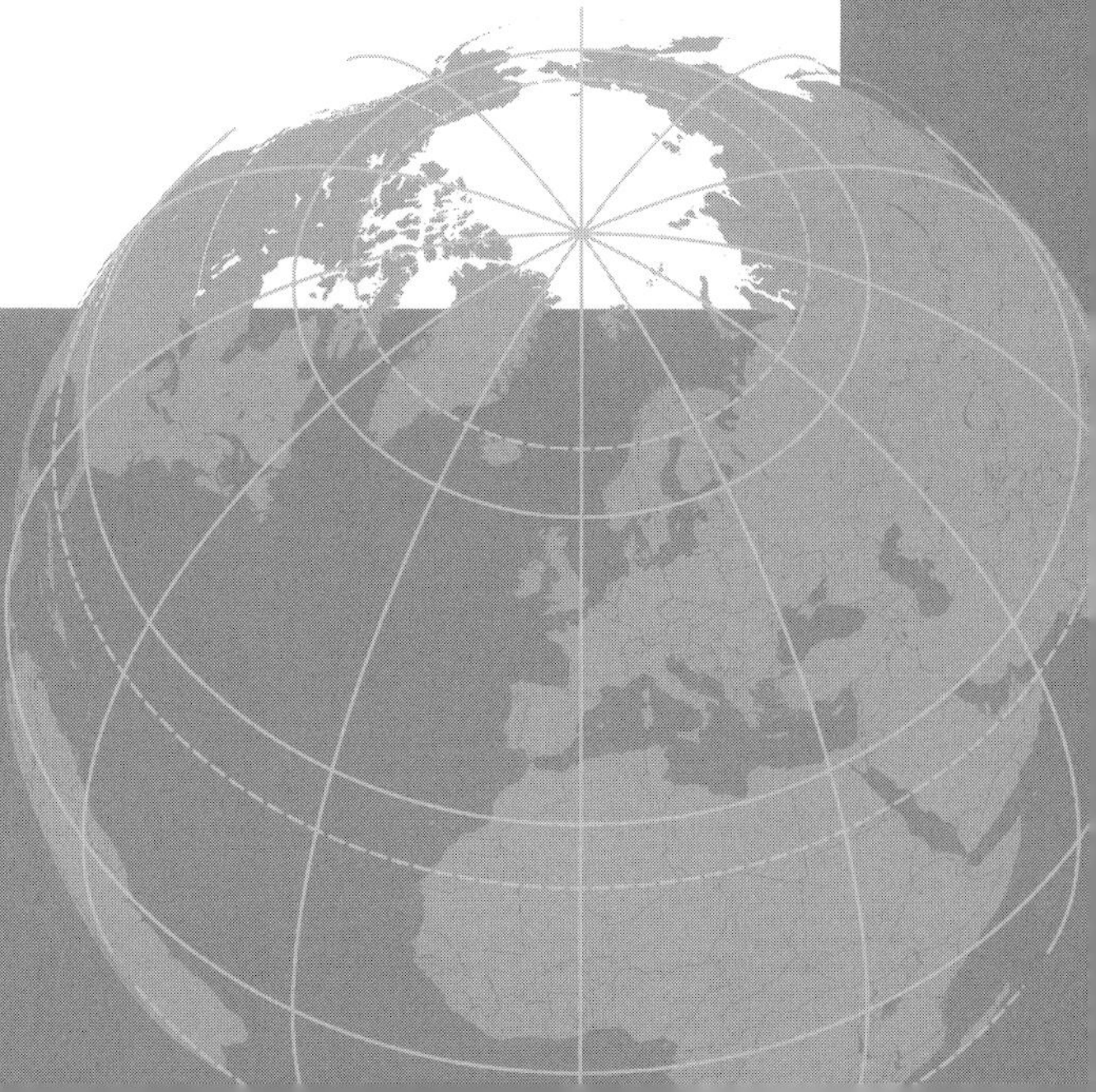

国民投票で「離脱」を選んだ

イギリスは、２０１６年6月23日の国民投票で、ＥＵからの離脱を決めました。しかし、ＥＵからどのように離脱するかをめぐって、3年たっても国家としての意思決定ができず、混乱してきました。その背景には何があるのか、という話をしていきましょう。

国民投票の結果は、離脱支持が51・９％、残留支持が48・１％。離脱はわずか３・８％の差で決まりました。ちなみに、投票率は72・２％。日本でのいろいろな選挙の投票率よりかなり高いでしょう。イギリスの有権者の関心が高かった、ということだね。

でも、離脱派が上回るというのは、予想外の結果でした。ＥＵ残留派の中には「離脱するはずがない」と高をくくって投票に行かなかった人も多く、離脱が決まって、後悔する人たちも出ました。

イギリスのＥＵ離脱のことを「ブレグジット（Brexit）」と略称します。これはイギリスのBritainと退出を意味するexitを組み合わせた造語ですが、投票のあとは後悔のregretを組み合わせて「ブリグレット（Bregret）」という言葉もできました。

予想に反して離脱に決まった大きな要因は、若者たちが投票に行かなかったからです。

というのは、イギリスの今の若者たちにしてみれば、生まれた時からイギリスはEUに入っていました。イギリスの大学に入ると、フランスやドイツの大学にも自由に留学できる。EUにいるからこそ、人、もの、お金、サービスの自由な移動の恩恵を受けてきた。まさかEU離脱に賛成する人がそんなに多いわけがないと、投票に行かなかった若者が大勢いました。

一方、高齢者は大多数が投票に行って離脱賛成に投票しました。その結果、賛成が過半数に達し、離脱決定となったわけです。

――なぜ、高齢者の多くが投票に行ったのですか？

日本でも一般的に若い人より高齢者の投票率が高いよね。でも、それだけではありません。高齢者に離脱賛成が多かった理由については、このあと詳しく説明しますので、少し待っていてください。

――もう一度、国民投票をする動きはなかったのでしょうか？　もし若者がたくさん投票に行けば、残留にひっくり返るかもしれなかったのに？

２０１９年３月には、もう一度国民投票をすべきだという１００万人のデモがありました。映像を見ると若者ばかり。もし、この時再投票をしていたら、間違いなく残留が決まったでしょう。

でも、当時のテリーザ・メイ首相は、再投票はしないと言い続けました。なぜか？　国民投票で決まったことを、再び国民投票でひっくり返してしまったら、今度は離脱派の人たちがもう一度国民投票を要求した場合、受け入れなければいけなくなるからです。何度も何度も国民投票をすることになる。それは民主主義ではない、ということを言っています。

メイ首相自身は残留派でした。もともと離脱すべきではない、と言っていたのですが、国民投票で決まった以上、民主主義のもとで国民の意思を尊重しなければならない、という立場をとったのです。

ＥＵ離脱を決めたイギリスは、２年後の２０１９年３月の離脱期限に向けて、どう離脱するかの条件をＥＵと交渉してきました。しかし、イギリスの言い分を受け入れるとほかの加盟国も離脱しかねないので、ＥＵはイギリスに厳しく当たり、交渉は難航しました。ようやく、２０１９年１月になって、メイ首相は離脱合意案を議会に承認してもらおうとしますが、議会で３回も否決されてしまいます。のちにメイ首相は辞任。

あとで説明しますが、ＥＵ側も「合意なき離脱」によって経済や社会が混乱するのは避けたいので、離脱期限を２０２０年１月末まで延ばすことでイギリスと合意しました。

仏独が主導するEU

——前の授業で、イギリスはヨーロッパの一員という意識が低いという話がありました。そもそも、なぜイギリスはEUに入ったのですか？

大変いい質問ですね！　イギリスがなぜEUに入ったのか？　実はイギリスがEUの前身であるECに加盟したのはかなり遅いのです。EUの成り立ちを振り返ってみましょう。

もともとEUというのは、ヨーロッパから戦争をなくすためにはどうしたらいいだろうか、という思いから出発しました。ヨーロッパでは第一次世界大戦、第二次世界大戦、そのほかにもいろんな戦争があって悲惨なことになってしまった。ヨーロッパ全体が戦争で疲れ切ってしまったんです。国境をなくせば戦争がなくなるのではないか、戦争をなくしてヨーロッパをひとつにまとめよう、という理想のもとに誕生したのがEUです。

最初にまず、石炭と鉄鋼を共同管理する欧州石炭鉄鋼共同体（ECSC）が設立されます。なぜ石炭と鉄鋼から始まったのか？　きっかけとなったひとつの地域が、ドイツとフランスの国境にあるアルザス＝ロレーヌ地方です。石炭が大量に埋蔵されていたため石炭を燃料にした鉄鋼業が盛んで、17世紀からドイツとフランスで奪い合いを繰り返してきた地域です。

第二次世界大戦が終わったあと、この地方はフランスの領土になっていました。ドイツは東ドイツと西ドイツに分割されますが、西ドイツが経済復興のため、再びアルザス＝ロレーヌ地方を奪いに来るのではないかと、フランスが危機感を持ちます。

ドイツとフランスって、ものすごく仲が悪いのね（笑）。イングランドとスコットランドの例もありますが、だいたい隣同士の国って仲が悪いでしょう。日本の周辺だけじゃなく、ヨーロッパも同じなのです。

ドイツとフランスの仲の悪さを物語る小噺《こばなし》があります。神様が世界をおつくりになった時に、フランスは豊かな自然があって、いいブドウがいっぱい採れて、おいしいワインができる素晴らしい国になった。ドイツが神様に「フランスだけ豊かな国土にするのは不公平です」と文句を言った。そこで神様は「そうか、じゃあ、不公平にならないように、フランスにはフランス人を置こう」と言ったと（笑）。だから、フランスにはあんなに出来の悪いフランス人がいるのだよ、というのがドイツの小噺です。

これに対抗するフランスの小噺があります。神様がフランスを豊かな国土にした。周りの国から「フランスばかりがこんなに豊かな国だと不公平です」と言われて、神様が「そうか、じゃあ、フランスの隣にドイツを置こう」と（笑）。ドイツというとんでもない国が隣にあるために、フランスは常に安全を脅かされている、というフランス側の小噺です。以前に、私の知人が、フランスが豊かで不公平だから神様はフランス人を置くことにした、というドイツ側の小噺をフランスに行って披露したんだって。もう大ひんしゅくだったそうです（笑）。

というのは余談ですが、フランスが西ドイツを警戒し、石炭と鉄鋼産業を共同管理しましょう、ということになり、「欧州石炭鉄鋼共同体（ECSC）」ができたのです。

Q「欧州石炭鉄鋼共同体（ECSC）」には、フランスとドイツ以外に、どの国が参加したでしょうか？

――**イタリア、オランダ、ベルギー、ルクセンブルクです。**

正解です。EUはこの6か国からスタートしたのです。EUの基本となった6か国という意味で「ベイシック・シックス（Basic Six）」と呼ばれています。

「欧州石炭鉄鋼共同体（ECSC）」が軌道に乗ると、経済でも協力体制をつくろう、お互いに関税をかけるのをやめよう、ということになって「欧州経済共同体（EEC）」に発展します。同時に、「欧州原子力共同体（EURATOM《ユーラトム》）」も設立されることになりました。共同で原子力の開発と平和利用を進めるのが目的です。

その後、人やものの移動も自由にできるようにしてヨーロッパを一体化しようという「欧州共同体（ＥＣ）」ができて、１９９３年に現在の「欧州連合（ＥＵ）」になったのです。以前にドイツとフランスの国境線付近を取材で訪ねた際、どこかに国境線があったはずと一生懸命探したら、薄く消えかかった線がありました。ああ、国境がなくなったのだな、と実感しました。

ヨーロッパではかつてたびたび戦争があったのに、もう、70年以上戦争が起きていません。ＥＵができたことによって戦争がなくなった、といえるでしょう。

ＥＵの始まり、発展、課題については『池上彰の世界の見方 ドイツとＥＵ』に詳しく書いています。ドイツを視座にＥＵを解説しているので、この『イギリスとＥＵ』と読み比べてみてください。

イギリスはＥＵと距離を置いた

さて、ここまで話してきて、ヨーロッパの主要国のひとつであるイギリスが、まだ登場していません。１９５２年にヨーロッパ統合の起点となった「ＥＣＳＣ」が設立された時、イギリスは参加していません。６年後に「ＥＥＣ」ができた時にも参加しませんでした。

なぜでしょうか？

イギリスでは、「ヨーロッパ」とは「ヨーロッパ大陸の国々」のことでイギリスは含まれないという意識が強く、ヨーロッパ統合への参加は考えていなかったのです。当時イギリスは、アメリカとの関係や、イギリスの旧植民地の国々で構成する英連邦諸国との関係を重視していました。

それでも、イギリスは仏独主導で進められているＥＥＣに対抗して、１９６０年に「欧州自由貿易連合（ＥＦＴＡ《エフタ》）」をオーストリア、スウェーデン、スイス、デンマーク、ノルウェー、ポルトガルの６か国と共に設立します。

ドイツとフランスは仲が悪いと話しましたが、イギリスとフランスも仲が悪いんだよね（笑）。歴史を振り返れば王位継承や領土をめぐって「百年戦争」をしたわけでしょう。この戦争で劣勢のフランスを勝利に導いたのがジャンヌ・ダルクなのだけど、とにかく１００年以上も戦争を続けるくらい仲が悪いということですね。

イギリスはＥＦＴＡでＥＥＣに対抗しますが、ＥＥＣに軍配が上がります。ＥＥＣ諸国はイギリスよりも高い経済成長を達成し、イギリスの貿易も英連邦諸国よりＥＥＣ諸国との関係が強まっていきます。ＥＥＣはフランス、ドイツ、イタリアという大国が加わり、地理的に隣接する国々で構成されていましたが、ＥＦＴＡは中小国が多く地理的にも分散していたため、経済効果はＥＥＣのほうが大きかったのです。

イギリスは、次第にＥＥＣに入りたいと思うようになります。ヨーロッパ大陸の国々とは別、という意識がある一方で、自国の経済発展を考えると一緒になったほうがいい。ＥＣに加盟して、そこで主導権を握りヨーロッパとの関係を強化しようと、方針を転換します。

１９６１年、イギリスは正式にＥＥＣへの加盟申請をします。ところが、フランスが大反対しました。イギリスが加盟できたのは１９７３年。申請から11年もあとのことです。その頃ＥＥＣは拡大してＥＣになっていました。イギリスは同年ＥＦＴＡを脱退。その後、各国も脱退し、現在、初期メンバーでＥＦＴＡに残っているのはスイスとノルウェーのみです。


――なぜ、イギリスは10年以上も反対されてＥＣに加盟できなかったのですか？


当時のフランスのド・ゴール大統領が、イギリスのことが嫌いで、ずっと反対していたからです。ド・ゴールは第二次世界大戦中、フランスがドイツに占領されている間、イギリスに亡命して亡命政府をつくりました。イギリスのおかげで、戦後フランスが独立を取り戻したにもかかわらず、ド・ゴールはイギリスを嫌っていたんだよね。

ド・ゴールはイギリスの背後にアメリカの姿を見ていました。イギリスの背後にはアメリカがいる。イギリスが入ってくると、結局アメリカが介入してくる、と考えたのです。ではなぜECに入れたのか？　ド・ゴールが死んだからですね（笑）。

「人の移動の自由」が問題だった

ド・ゴールの死後、イギリスはECに加盟しました。その後、ECはEUとなって人、もの、お金が自由に移動できる単一市場を実現し、統合は深化していきます。

1989年、ベルリンの壁が崩壊しました。東西冷戦が終わり、東ヨーロッパのソ連寄りだった社会主義の国々が社会主義をやめます。資本主義に転換すると、西ヨーロッパと一緒になりたいと考え、EUにどっと入ってくるようになったのです（p60図表⑥）。ハンガリー、ポーランド、チェコ、スロバキアなど東ヨーロッパの11か国がEUに加盟しました。これらの国々は、社会主義のもとで経済が低迷し、結果的に人々の給料が安かったのですね。その一方で、社会主義の国々は、教育には力を入れていたので人々の教育水準は高い。みんな読み書きができる、高度な計算もできる。

EUの西ヨーロッパの企業経営者たちは、低賃金で質のよい労働者を雇うことができるので、東ヨーロッパの国々がEUに入ってくることを歓迎しました。西ヨーロッパのさま

図表⑥—**EUのこれまでの道のり**（2019年10月31日現在）　　国名の数字は地図と対応しています

年	出来事
1952	フランス①、ドイツ（西ドイツ）②、イタリア③、オランダ④、ベルギー⑤、ルクセンブルク⑥の6か国が欧州石炭鉄鋼共同体（ECSC）を設立（**原加盟国**）
1958	欧州経済共同体（EEC）、欧州原子力共同体（EURATOM）設立
1967	ECSC、EEC、EURATOMを統合した欧州共同体（EC）が誕生
1973	イギリス⑦、アイルランド⑧、デンマーク⑨が加盟（**第一次拡大**）
1981	ギリシャ⑩が加盟（**第二次拡大**）
1986	スペイン⑪、ポルトガル⑫が加盟し、12か国体制となる（**第三次拡大**）
1993	マーストリヒト条約（1992年調印）に基づく、欧州連合（EU）が誕生
1995	オーストリア⑬、スウェーデン⑭、フィンランド⑮が加盟（**第四次拡大**）
2002	EUの単一通貨ユーロの流通始まる
2004	エストニア⑯、ラトビア⑰、リトアニア⑱、ポーランド⑲、チェコ⑳、スロバキア㉑、ハンガリー㉒、スロベニア㉓、キプロス㉔、マルタ㉕が加盟（**第五次拡大**）
2007	ルーマニア㉖、ブルガリア㉗が加盟（**第五次拡大**）
2009	欧州連合条約を修正したリスボン条約発効
2013	クロアチア㉘が加盟。28か国体制に（**第六次拡大**）
2016	イギリスの国民投票でEU離脱が決定
2019	イギリスのEU離脱が難航

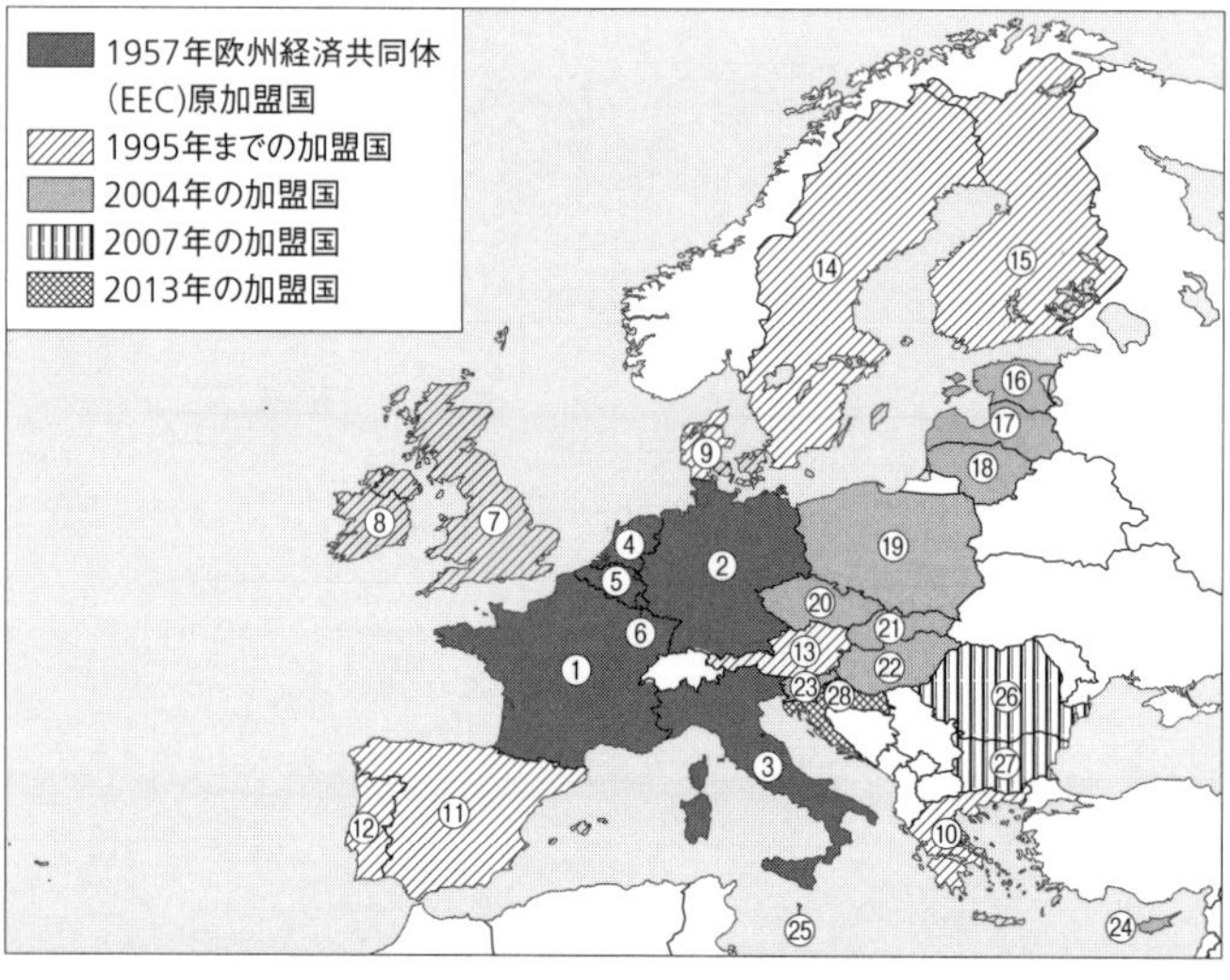

ざまな企業が東ヨーロッパに工場をつくり、安い給料で社員を雇い始めます。

でも、東ヨーロッパの人たちにしてみれば、何も西ヨーロッパの企業が自国に会社や工場をつくるのを待つ必要はないよね。EUに加盟した国は、EU域内での居住、就労、求職活動の自由が認められています。それなら、高い給料で働ける国へ行って働けばいい。そう考えた東ヨーロッパの人たちが、イギリスに大勢やってきて住むようになりました。とりわけ、イギリスにはポーランドの人たちが多く出稼ぎに来ました。


――なぜ、ポーランドの人たちが大勢イギリスにやって来たのですか？


ポーランドには悲しい歴史があります。第二次世界大戦の際、ポーランドは東側のソ連と西側のドイツによって分割されてしまい、一時ポーランドという国がなくなってしまいました。

その時のポーランドの亡命政権が、イギリスにありました。だからイギリスにはポーランド人のコミュニティがあります。イギリスに行けばポーランド語で生活ができ、なおかつ高い給料で働くことができるというので、ポーランドの人たちはイギリスを選んだのです。

イギリスに来たポーランド人たちは、イギリス人がやりたくない仕事に就きます。いわゆる3K仕事、きつい、汚い、危険という、たとえば清掃の仕事などをやるわけです。ポ

図表⑦—**イギリスへの移民** | 出典：イギリス国家統計局

●年ごとの移民数の推移

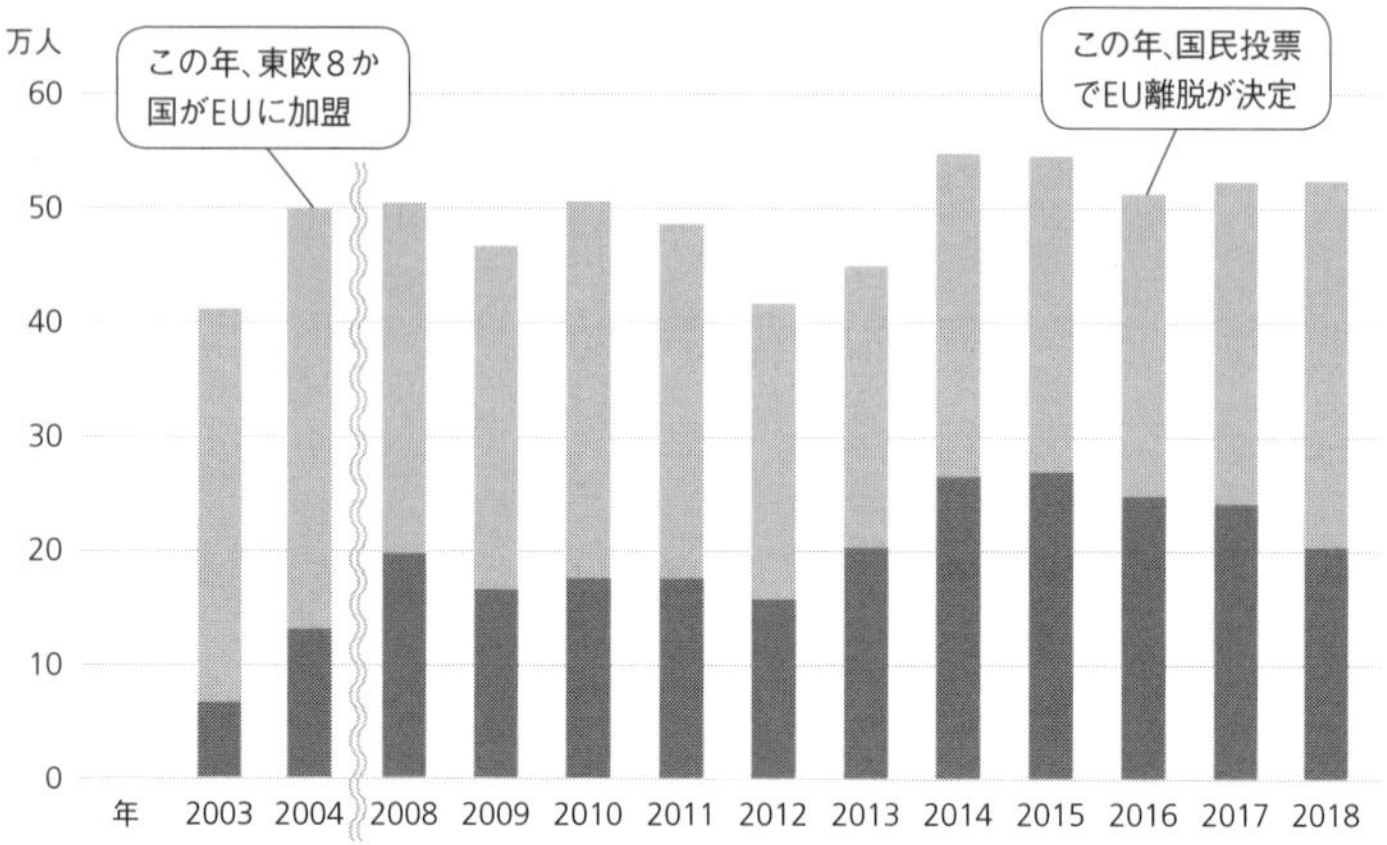

●イギリスに移住してきた人の出身国上位5か国（2017年時点）

国籍	移住者総数（推定）
ポーランド	102万1000人
ルーマニア	41万1000人
アイルランド	35万人
インド	34万6000人
イタリア	29万7000人

■EU加盟国

●EU加盟国からイギリスへの移住者の割合（2017年時点）

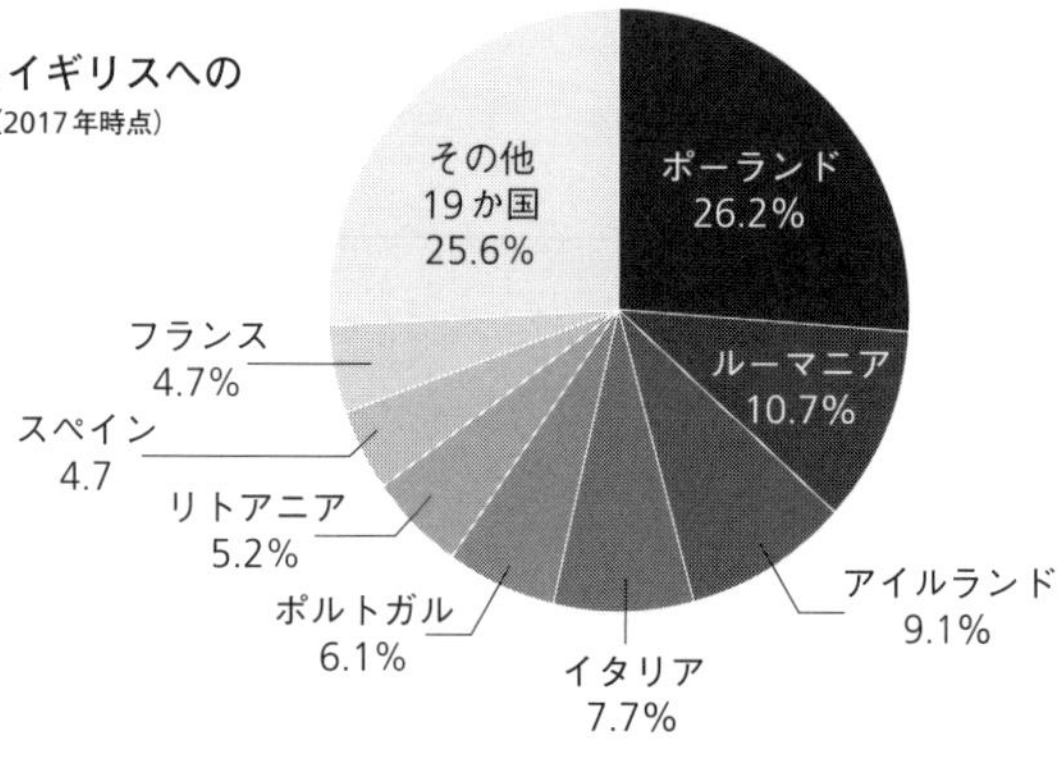

ーランドの人たちは真面目に働きます。しかし、ポーランドの人たちが低賃金で喜んで働くことによって、イギリスの労働者の給料が上がらなくなって不満が高まります。

イギリスには、現在、ポーランドの移民が１００万人いるといわれています。その人たちの多くは、イギリスの給与水準でいえば、最低レベルの給料しかもらえていないのですが、それをポーランドの本国に送れば、ポーランドのふるさとに豪邸が建ちます。それくらい給与水準が違うのです。

イギリスに出稼ぎに行った人の家が新しくなれば、それを見たポーランドの人たちがますますイギリスにやってくる、というわけです（図表⑦）。

移民に魅力的な原則無料の医療保険制度

ＥＵは、社会保障の面でも、自国民と移民を差別しない均等待遇を原則としています。そして、イギリスは医療保険制度が非常に充実している国です。医療費は、原則として無料です。国が全部医療費を持ってくれる。ポーランドから来た人たちがイギリスで病気になってお医者さんに行くと、ただで診てもらえるわけです。

イギリスはその無料の医療制度を維持するために、国家財政の25％を使っています。日本でも国民皆保険というでしょう。みんな何かの健康保険制度に入っているわけだよね。君たち高校生が風邪をひいてお医者さんにかかったら治療費を払うけど、あれは3割負担です。残り7割は君たちの親が払っている健康保険料、あるいは国の税金で負担しています。

イギリスは無料だから、移民の人たちにとっては助かるよね。充実した医療保険制度もイギリスにやってくる理由のひとつになっているのです。

無料だと、診療を受ける人がどうしても増えるよね。病院の待合室が患者でいっぱいになります。とりわけ、高齢者は病気がちになるので病院へ行く回数も多い。待合室で待っていると、ポーランド語を話している人がいるだけで「ポーランド人ばかり」と思ったり、英語以外の東欧風の言葉を聞くと「ポーランド人」と決めつけたりしがちです。

ポーランド人が出稼ぎに来たことによって、イギリス人の給料が上がらない。しかも、病気になったらただで診てもらっている。その費用は、我々が税金で賄っているんだぞ、ということで、とりわけ高齢者はポーランド人が来ないようになったほうがいい、と思うわけですね。

イギリスがEUから離脱すれば、ポーランド人がイギリスで働くことはできなくなる。離脱に賛成する人が高齢者に多かった、というのは、こうした日常レベルでの反感が理由にあるのです。
急増する移民に政府はどう対応したのか？　実はＥＵが２００４年に東欧などの10か国を新規加盟させた際、加盟国には新規加盟国からの移民に対し、就労許可証の取得を義務づけるなどの就労制限をしてもよいことが認められました（最大7年間）。ほとんどの加盟国はこの権利を行使し、移民の就労制限をしたのですが、イギリスは、当時のブレア労働党政権が寛容な政策を行い移民に門戸を開きました。それもあって、２００４〜１５年までの12年間で、イギリスに住むＥＵ域内からの移民は１００万人から３００万人へ、実に3倍に増えたのです。

単一通貨ユーロとシェンゲン協定には加わらなかった

――さっきイギリスのポンド紙幣を見ましたが、なぜイギリスはEU加盟後もポンドを使っているのですか？　ユーロにしたほうがいろいろと便利だったのではないのでしょうか？

ＥＵに入っているすべての国がユーロを使っているわけではありません。ユーロ採用状況の図を見てください（p66図表⑧）。ＥＵ加盟国とユーロ導入国、これが微妙に分かれているでしょう。イギリスやスウェーデン、デンマークはユーロを使っていません。

それはなぜかというと、金融政策がとれなくなるからです。どういうことか？　国の景気が悪くなった時、何ができるかというと「財政政策」と「金融政策」というふたつがあります。というより、このふたつしかないのです。安倍政権のアベノミクスでも３本の矢のふたつがこれらで、さらに第３の矢として成長戦略がありますよね。

　財政政策というのは、たとえば国債を発行して新たに借金をし、そのお金で道路をつくったり橋をかけたりして、新たな雇用を生んで景気をよくしよう、というもの。どんどん国債を発行して、東北の復興事業などの公共事業を行って景気をよくする。これは政

図表⑧―**ユーロ導入国**（2019年10月31日現在）

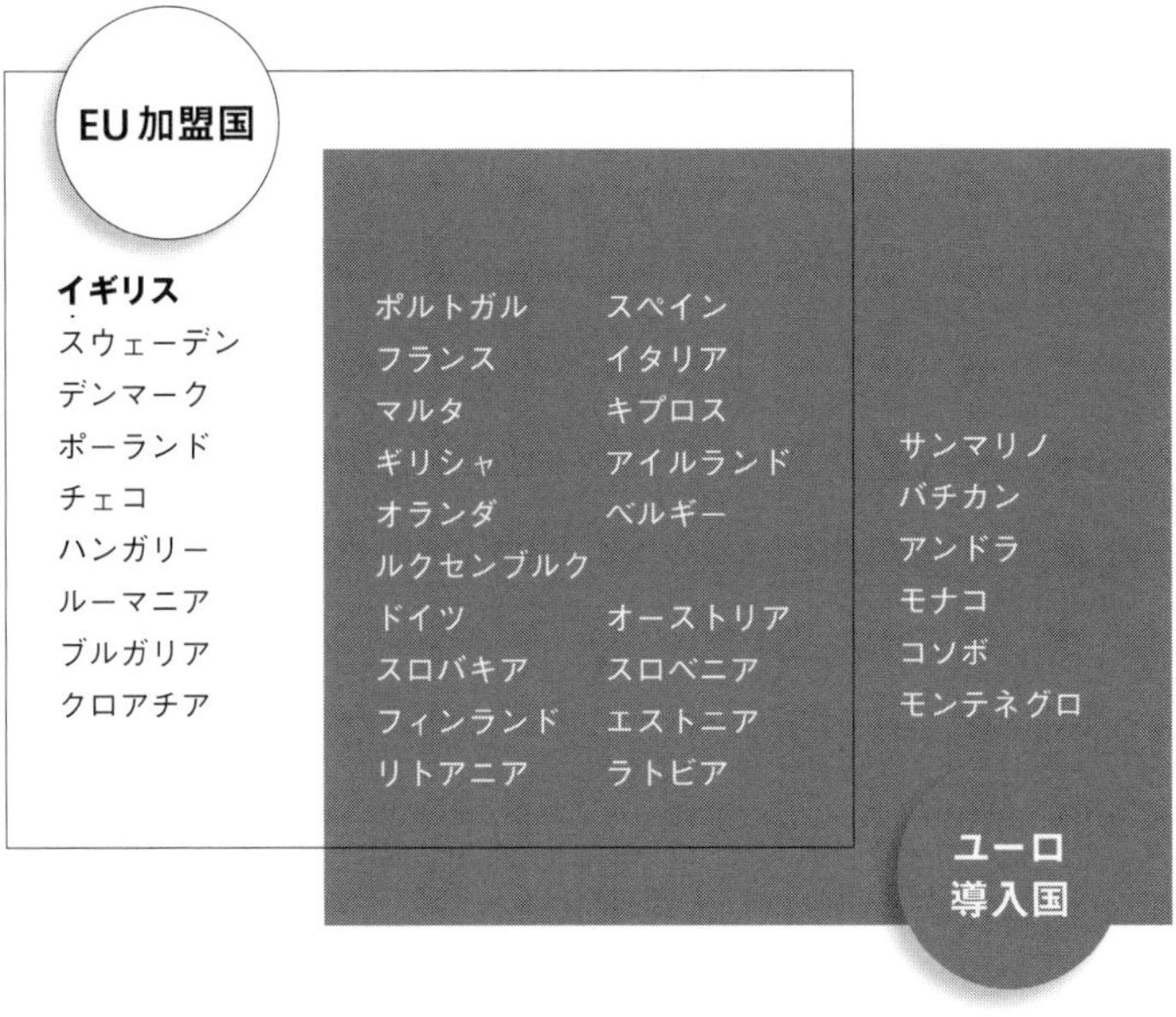

府が行うことです。

一方、金融政策というのは、中央銀行が行います。通貨を発行している中央銀行が、金利を上げたり下げたりすることによって、景気の過熱を防いだり、よくしようとしたりする政策です。

日銀が金利を下げた状態が続いているでしょう。金利がほとんどゼロになるとお金を借りやすくなります。マイホームを建てよう、とか新しく工場をつくって社員を雇って新たな仕事をしよう、とかいう人たちが出てくれば景気はよくなるだろう、というわけです。

財政政策のほうは、EUに入ってもそれぞれの国は独立しているから、イギリス政府が自由にできます。でも、単一通貨ユーロは欧州中央銀行（ECB）が全部コントロールするのです。もし、イギリスがユーロを採用すると、イングランド銀行は金利をコントロールする力を失います。金融政策は欧州中央銀行にすべて委ねることになる。それに対する反発があるのです。

欧州中央銀行に任せて何がまずいのかというと、たとえば、イギリスで景気が悪くてもドイツは景気がいい場合、ユーロ採用国全体を見て判断しなければならない欧州中央銀行は、ドイツのことを考えたら金利をあまり下げることはできません。イギリスは景気対策をしようとしても、金利がネックで景気がよくならない。ユーロを使うとそういう問題があるので、ポンドを使おうと考えたのです。

Q イギリスは、もうひとつ、ＥＵの多くの国が参加していることに加入していません。資料（地図③）を見てください。なんだかわかりますか？

――「シェンゲン協定」に参加していません。

そうだね。ＥＵに入っていれば、ＥＵ域内では自由に行き来できると言いましたが、厳密にいうと、シェンゲン協定に入っていない国の場合、パスポートチェックがあります。シェンゲン協定に入っていればパスポートチェックはありません。１９８５年にルクセンブルクのシェンゲンという町で署名されたので、シェンゲン協定と呼ばれます。

イギリスは、ＥＵの政策の中枢である単一通貨ユーロにもシェンゲン協定にも参加していません。これは何を意味するのでしょうか？

平和のための欧州統一を目指したヨーロッパ大陸の国々と、共通市場の経済的利点が目的で参加したイギリスには、そもそも統合に対する意識に差がありました。イギリスは、金融政策の例のように、国家の大事な政策をＥＵに決められるのを嫌ったのです。

国民投票の際、離脱派は「主権を取り戻す」というフレーズを盛んに使いました。一方、残留派はＥＵに残ることの経済的利点を訴えましたが、離脱派に敗れたわけです。

地図③―**シェンゲン協定加盟国**（2019年10月31日現在）

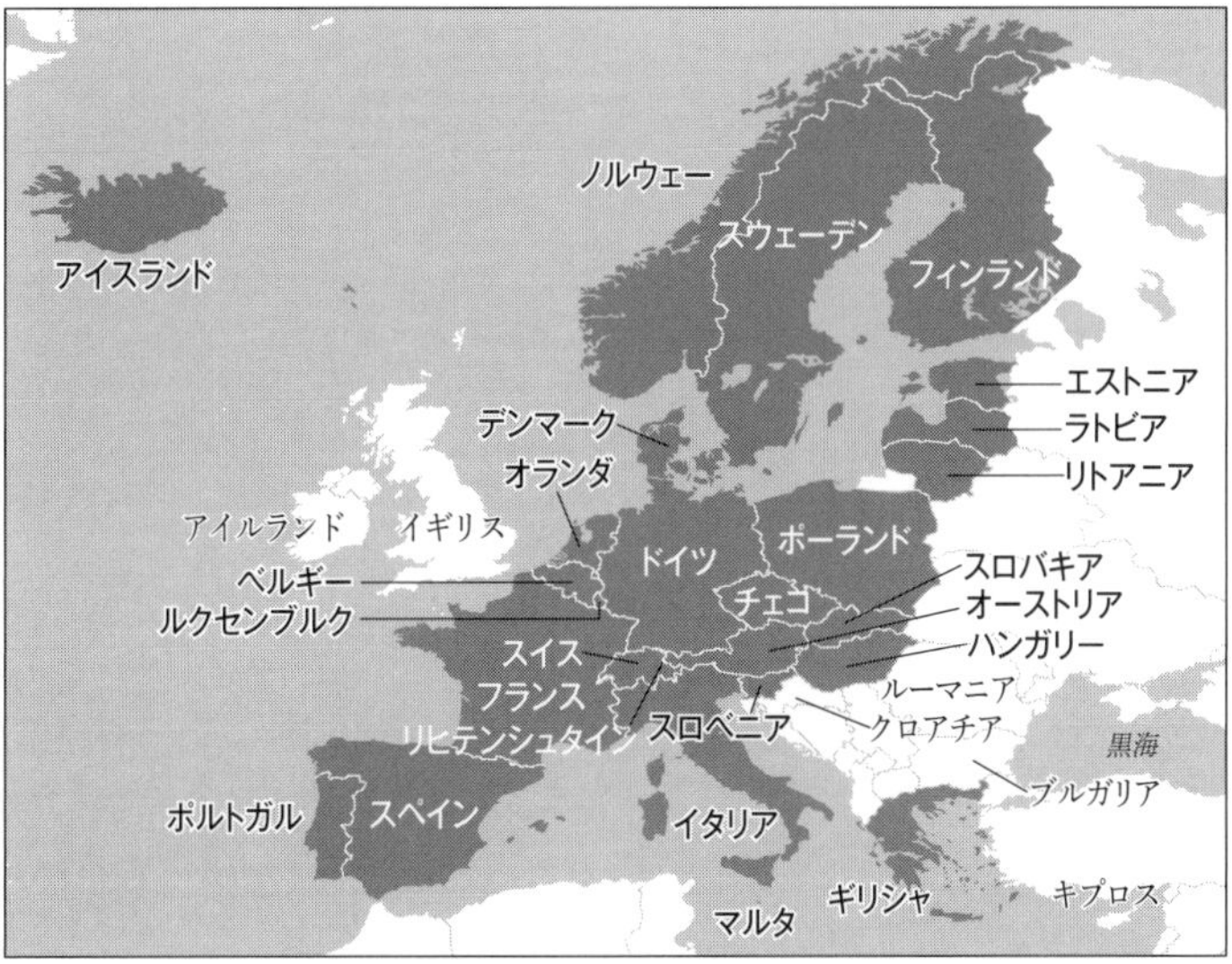

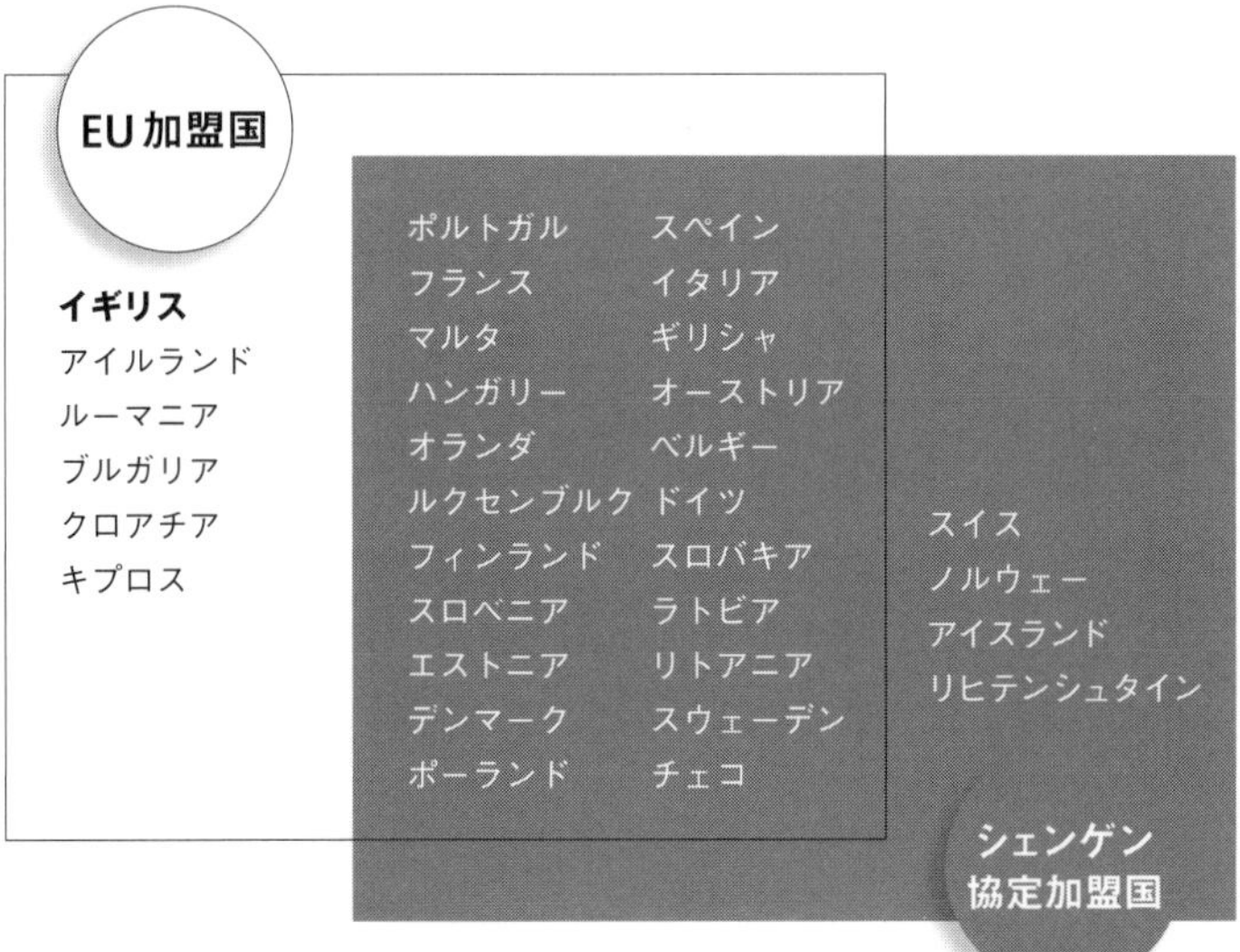

＊ほかに、フランスに国境を開放しているモナコ、イタリアに国境を開放しているバチカンとサンマリノ、スペインとフランスに国境を開放しているアンドラは、EUにもシェンゲン協定にも加盟していないが、実質的にシェンゲン圏となっている

なぜ国民投票をすることになったのか

議会制民主主義が生まれたイギリスで、国民投票を行うと聞いた時、驚いた人も多いのではないでしょうか。なぜ、EU離脱の是非を国民投票にかけることになったのでしょう？　実は、今回の国民投票は、２０１３年に当時のキャメロン首相が、「次の総選挙で保守党が単独過半数を得たら、EU残留の是非を国民投票にかける」と宣言して、それが実行されたものです。どうして、キャメロン首相はそんな発言をしたのか？　当時から現在までの状況をたどってみましょう。

２０１０年に保守党のキャメロン首相が誕生した頃、イギリスは財政赤字に苦しんでいました。２００７年から発生した金融危機と前ブラウン労働党政権の景気対策の失敗が原因です。

キャメロン政権は緊縮財政を断行しましたが、社会保障費の削減は低所得層の人々の生活を直撃しました。また、生活保護からの締め出しを推進したため、生活保護受給者は職探しを迫られます。しかし、勤労経験や技術のない人でも働くことができる仕事は外国人労働者に占領されていました。先ほど話した東欧からの移民が激増した時期と重なったのです。低所得層の人々の怒りは、ＥＵ圏からの移民に向かっていきました。

彼らの不満の受け皿となり、急激に勢力を拡大したのが、イギリス独立党（ＵＫＩＰ《ユーキップ》 UK Independence Party）でした。ＥＵ脱退を主張するポピュリズム政党です。ポピュリズムというのは、政治に関して理性的な判断をするエリートや知的層に対して、情緒や感情に流されやすい大衆層に迎合し、煽動《せんどう》する政治活動のことです。イギリス独立党の支持者の多くは白人労働者階級の人たちで、次第に党勢を拡大していきます。２０１４年の欧州議会選挙で、既存の政党を押さえて第一党となり、イギリスに与えられた73議席中24議席を獲得して衝撃を与えました。

また、２０１５年にパリで起きた同時多発テロ以来、自称「イスラム国」（ＩＳ）の影響を受けたホームグロウン（国内出身の意味だが、ここでは他の欧州各国出身者も含む）の若者たちによるテロが続発したことも、反ＥＵ感情を高めていきました。

与党保守党の欧州懐疑派は、ＥＵ離脱の是非を問う国民投票実施を求める動議を下院議会に提出します。

世論や保守党内の欧州懐疑派に押されるかたちで、キャメロン首相は、２０１５年の総選挙でＥＵ離脱の是非を問う国民投票を公約にします。まだ、この頃の調査ではＥＵ残留支持のほうが多かったのです。残留派のキャメロン首相は、国民投票で残留に決まれば、保守党内の欧州懐疑派もポピュリズムの連中も黙らせることができる、と思って国民投票に踏み切ったわけです。

実は、イギリスでは過去に2回、国民投票を実施しています。1975年にEC離脱の是非を（結果は残留多数）、2011年に下院の選挙制度改革を問う国民投票を行っています。いずれも政権の方針を国民も承認したぞ、というお墨付きを得るための国民投票でした。この時もキャメロン首相は国民のお墨付きを得るつもりだったのでしょう。

ポピュリズムと国民投票

「EUを離脱すれば、EUに払っていた週あたり3億5000万ポンド（約455億円※1ポンド130円で換算）の予算が浮いて、NHS（国民保健サービス）に回せる」

これは、国民投票の前に、離脱派の宣伝バスに掲げられた主張です（写真④）。イギリス独立党が大キャンペーンを張りました。3億5000万ポンドという金額の根拠は定かでなく、ウソの情報でした。しかし、ポピュリズム政党が打ち出すわかりやすく印象的なメッセージは、フェイクであっても有権者を引き付けたのです。イギリス独立党は、ほかにもさまざまなフェイク情報をまき散らしました。なぜ、そんなことをしたのか？

写真④—離脱派がキャンペーンに使用したバス。「We send the EU £350 million a week, let's fund our NHS instead（EUに払っている週3億5000万ポンドを国民保健サービスに回そう）」と大きく書かれている｜写真提供：Alamy/PPS通信社

写真⑤—独立党を離脱してブレグジット党を立ち上げたファラージ党首

写真⑥—当初から離脱賛成派だったジョンソン新首相
｜写真提供：時事通信社（2点とも）

イギリス独立党も、実は国民投票で離脱支持が上回るなんて思っていなかったのです。離脱するといいことがあるぞ、と言って党勢を拡大しようとしたら、なんと離脱が決まってしまった。決まった途端、独立党のナイジェル・ファラージ党首（p73写真⑤）は、党首を辞めて逃げちゃいました。無責任でしょう。ファラージはその後ブレグジット党を立ち上げ、党首となっていますが。

離脱派の中心には、メイ首相辞任のあとに首相となったボリス・ジョンソン（p73写真⑥）もいて、国民に向けて積極的に離脱をアピールしました。

一方、残留派は、ＥＵを離脱することでの経済的損失を強調しました。ＩＭＦ（国際通貨基金）やＯＥＣＤ（経済協力開発機構）やイングランド銀行など、さまざまな専門家たちが、ポンドが急落し、失業率は上がり、イギリスのビジネスは立ちいかなくなると訴え、ＥＵにいることの恩恵を繰り返し主張しました。でも、エリートたちの警告は、有権者に響かなかった。自分はＥＵの恩恵を受けていない、と感じる人が多かったのです。

投票結果は、投票以前にはあまり目立たなかったイギリス社会の分断をあらわにしました。離脱賛成者は、年代別では18～24歳の若年層では3割以下、65歳以上では6割に達しました。学歴別では大卒者が3割、低学歴層は7割でした。地域別ではスコットランド、北アイルランドで残留支持、ウェールズ、イングランド（ロンドンを除く）で離脱派が過

図表⑨—**EU離脱を問う国民投票の結果**（2016年6月23日実施）

｜出典：Load Ashcroft Polls

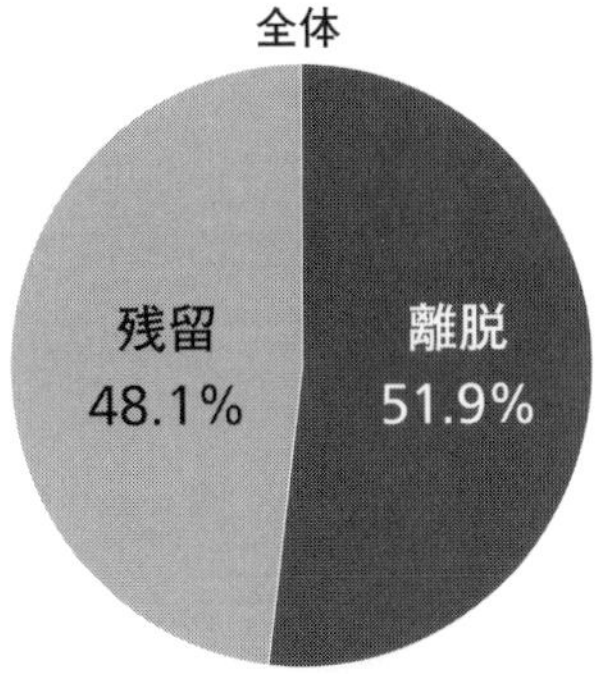

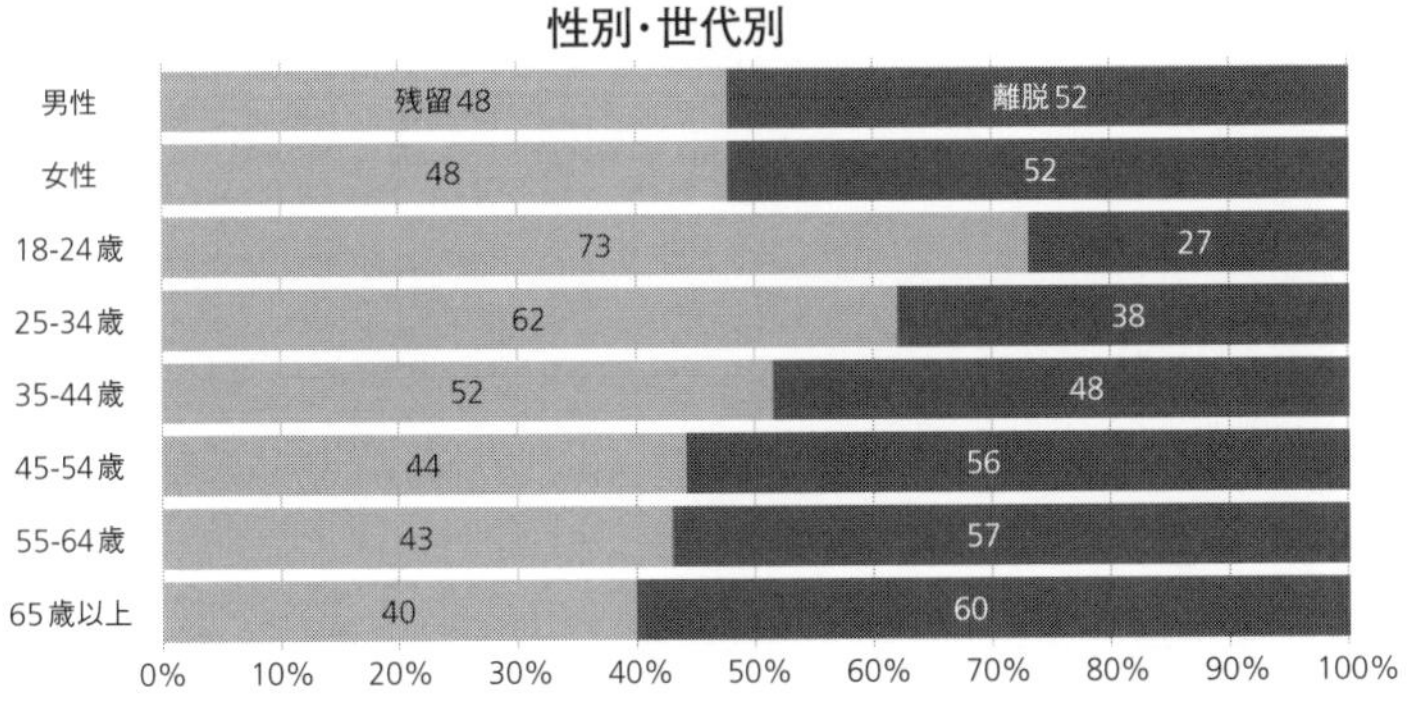

上のグラフは性別と世代別での投票の割合を示したもの。グラフ上では残留が多く見えるが、全体では離脱という結果になった。45歳以上の世代がいかに多く離脱に投票したかがわかる。

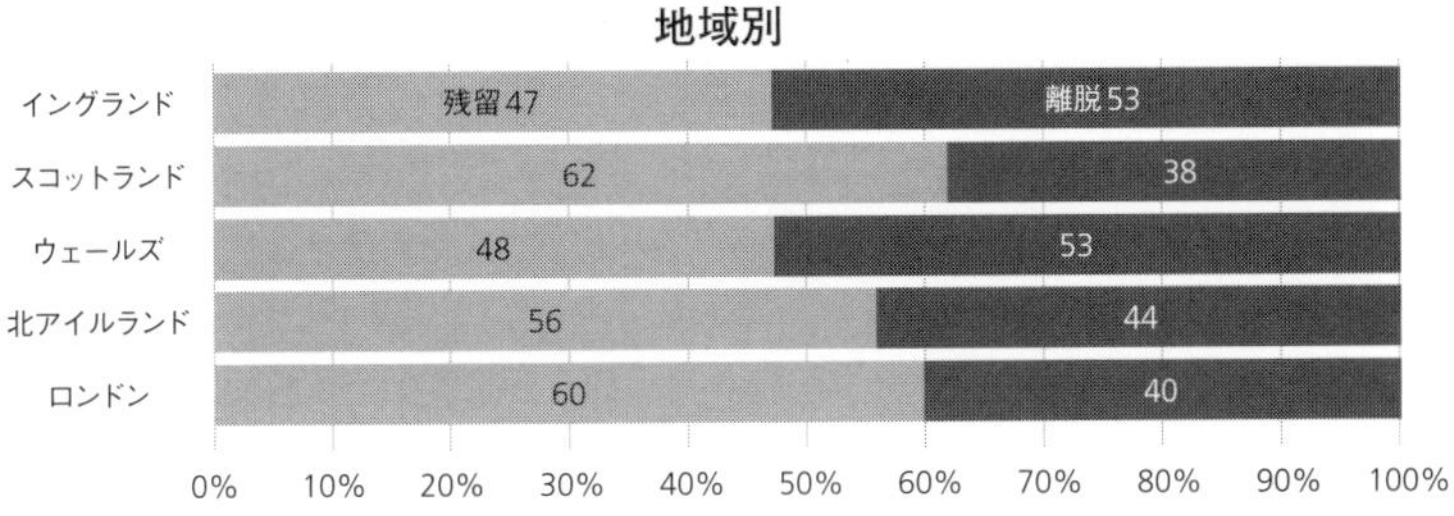

このグラフでも、残留が多く見える。首都のロンドンでは残留派の割合が高かったものの、人口の多いイングランド全域で、多くの人が離脱に投票したことがうかがえる。

半数を占めました（p75図表⑨）。

若者が選挙へ行くことの大切さ

君たちのなかで18歳になっている人はどれくらいいますか？　ああ、まだこれからの人ばかりですね。

投票なんか行っても行かなくても変わりっこない、と思っていると、イギリスのようなことが起きるのです。今、投票に行かなかったイギリスの若者たちは後悔しています。君たちはまもなく18歳になって選挙権が与えられます。行っても行かなくても同じ、と考えるととんでもないことになりうるのです。

さらにいえば、議員も自分に投票してくれそうな人たちのために力を尽くそうと思うでしょう。若い人たちが投票に行かなければ、若い人のことは考えない。高齢者が自分に投票してくれるなら高齢者のことばかり考えていればいい。

そういう状態がずうっと続いてきたわけです。その結果、ふと気がついたら、子どもが生まれても保育所が足りない、待機児童がいっぱいいるというような問題が起きているのです。これは若い人たちが代々投票に行かなかったからだよね。結果的にそういうしわ寄せが来るのです。

若い人たちが投票に行くようになれば、議員たちも、若い人たちを怒らせたら自分が落選するかもしれないと思って、若者の要望を実現しようとします。いかに若者が投票することが大事か、イギリスの国民投票が示しています。

そして、もうひとつ、国民投票について考えてほしいのです。国民投票は究極の民主主義、直接民主主義です。直接民主主義は素晴らしく聞こえるかもしれない。議会制民主主義で代表を選んで代表に決めてもらうと、結局みんなの声が十分に反映されないという大きな問題もある。でも、だから国民投票で決めればいい、ということになると、今回のようなことが起きるわけです。

実は、イギリスの議会はＥＵからの離脱反対派が多かったのです。イギリス議会で決めればイギリスはＥＵから離脱、なんていうことにはならなかった。国民投票をしたら、思わぬ結果になり、それにイギリス国民が当惑してしまった、というわけです。

日本の国内でも、国民投票をめぐる議論があります。でも、国民投票の結果、思わぬことになってしまうことも民主主義にはある、ということをイギリスのケースから学んでほしいですね。

離脱協定案は否決された

２０１６年７月、保守党のメイが首相に就任しました。メイ首相は国民投票で離脱と決まったので、ＥＵからの離脱を進めようとしました。すると、裁判所から差し止めを受けます。イギリスは議会制民主主義なのだから、議会で決めなければ離脱を進めてはならない、という判断でした。メイ首相はイギリスの議会にＥＵからの離脱をはかります。

先ほど話したように、イギリスの議会はＥＵ離脱反対派のほうが多かったのですが、国民投票で離脱が決まってしまった以上、反対するわけにはいかない。国民からの意思が示されたわけですから、議員たちは渋々離脱に賛成しました。これをもって、議会でＥＵ離脱が決まったということになりました。国民投票でＥＵ離脱が決まったというのはそのとおりなんだけど、法手続きとしては議会で離脱を決めた、ということです。

２０１７年３月、イギリスはＥＵに離脱を通告します。ＥＵとの離脱交渉は難航することが予想されました。それを乗り切るためにメイ首相は政権基盤を強化しようと、同年６月に総選挙に打って出ます。

しかし、事前の予想に反してメイ首相の保守党は過半数割れ。労働党が議席を増やし、

図表⑩—**イギリスのEU離脱をめぐる混乱**（2019年10月31日まで）

年／月	できごと
2013年1月	キャメロン首相が2015年の下院総選挙で保守党が勝利すれば、EU離脱の是非を問う国民投票を実施すると公約
2015年5月	下院総選挙で保守党が勝利
2016年6月	EU離脱の是非を問う国民投票が実施され、離脱派が多数を占める。キャメロン首相は辞任表明
7月	メイが首相に就任
2017年3月	メイ首相が正式にEUに離脱を通知
6月	下院総選挙を繰り上げて実施するも保守党が惨敗し過半数を割る。EU離脱のための交渉が始まる
2018年3月	2020年12月末までの離脱移行期間の導入を暫定的に合意
6月	イギリスで「EU離脱法」成立。離脱の日時は2019年3月29日午後11時に決定
11月	イギリスとEUが離脱協定案に合意
12月	EUとの合意案に与野党が反発。下院の採決が延期される
2019年1月	15日、英議会で協定案が否決。16日、下院でメイ内閣に対する不信任決議案を否決。29日、EUとの再交渉を目指すとするメイ首相の方針を支持するも、EUはこれを拒否
3月	12日、英議会が新たな離脱協定案を否決（2度め）。13日、下院が「合意なき離脱」回避の議案を可決。14日、EU離脱期限を延期するようEUに打診する案が可決。21日、EUが離脱延期を承認。29日、英議会が修正された協定案を否決（3度め）
4月	10日、EUとイギリスが離脱の延期に合意し、10月31日までの柔軟な延長を決める
6月	メイ首相が与党・保守党の党首を辞任
7月	保守党の党首選でボリス・ジョンソンが選ばれ、新首相に就任
10月	17日、イギリスとEUが離脱協定案の修正に合意。19日、英議会は離脱協定案の採決をせず、EUに離脱期限の延期を求める案を可決。28日、EUが2020年1月31日までの離脱延期を承認

保守党は少数政党との閣外協力で政権を維持したものの、メイ首相の求心力は低下しました。保守党内でも離脱強硬派と穏健派の対立が強まります。

その後のEUとの離脱交渉は、EUが主導権を握り、関税同盟にとどまる移行期間など重要項目では、イギリスが譲歩することになりました。厳しい交渉を経て、メイ首相は2018年11月に離脱協定案をまとめます。しかし、イギリスの議会は2019年1月、協定案を大差で否決し、その後の修正案も否決しました（p79図表⑩）。

離脱協定案を議会で否決され、メイ首相は追い込まれました。ちょうどその頃、私はイギリスへ取材に行っていたので、この授業のために、新聞を何紙か買って持ってきました。どれも大きな見出しで、離脱交渉が袋小路に入ってしまった様子を伝えています（写真⑦）。

デイリーメールは、“1,000 WASTED DAYS”1000日がむだになった、つまり、国民投票から1000日たったのにいまだに何も決まらない、ということを見出しで伝えています。デイリーメールというのは労働者階級の人たちがよく読む新聞です。

フィナンシャル・タイムズは、“The Brexit nightmare”ブレグジットの悪夢、と書いています。フィナンシャル・タイムズは定評ある経済紙で、親会社が日本の日本経済新聞。日経新聞が買収して話題になりました。

EU残留の立場をとるザ・ニュー・ヨーロピアンは“TIME TO LEAVE THERESA”テリ

ーザ（Theresa）というのはテリーザ・メイ首相のことです。いよいよテリーザとお別れする時が来た、という意味ですね。

　ここで私のダジャレをひとつ（笑）。May day, May day, May day, May may extend the Brexit to May. メイデイっていうのは5月の日ではなく、緊急遭難信号です。メイデイ、メイデイ、メイデイと3回言うとSOSと同じ意味になるのです。つまり、助けてくれという意味。

　May may extend the Brexit to Mayは、メイがブレグジットを5月まで延期するかもしれない、というMayがいっぱい出てくるダジャレでした。

写真⑦―離脱合意案が可決されず、2019年3月29日の離脱期限を迎えようとしている頃のイギリス各紙の一面

アイルランドとの国境問題

メイ首相がEU離脱に際してEU側と話し合いをしてきた離脱協定案を、イギリス議会は3度否決しました。

Q 議会で否決された離脱協定案は、どこが問題だったのでしょう?

――アイルランドとの国境問題でもめている、というのをニュースで見ました。

それがどういうことか、わかる?

――いや、よくわからないです。

わかりにくいよね。確かに、イギリスがEUを離脱することでいちばん大きな問題は、アイルランドとの国境問題なんです。1章で話しましたが、アイルランドが独立する時、プロテスタントの多い北部の人たちはイギリスに留まりました。国境線ができて、北アイルランドがアイルランドから分断されてしまったわけです(p22地図①)。

北アイルランドのカトリック教徒たちは少数派になってしまいました。自分たちはアイルランドと一体化したいと思う人たちが出てきて、その中から過激派が生まれました。それが「アイルランド共和軍（ＩＲＡ）」です。彼らは北アイルランドやロンドンでテロを起こします。

すると今度はプロテスタント側でも過激派「アルスター義勇軍」がテロで対抗します。アルスターというのは、第1章で話したように北アイルランドのあたりを指す呼び方です。アルスター義勇軍はＩＲＡのメンバーを一人ひとり暗殺していく、というテロを行いました。

カトリックとプロテスタントによる、血で血を洗うような紛争が続きます。宗教対立に見えますけど、結局この土地は誰のものか、カトリックの土地なのかプロテスタントの土地なのか、という土地争いでした。

これが北アイルランド紛争（１９６８～９８年）です。３５００人以上が命を落としました。結局、北アイルランド紛争は、１９９８年にベルファスト合意というのができて、紛争が収まります。北アイルランドには自治政府が設立され、自治が認められました。

しかし、ベルファストなどカトリックとプロテスタントの双方が住んでいる町では両者を隔てる壁がつくられています（p84写真⑧）。昼間は自由に行き来できるのですが、夜はドアが閉ざされ行き来できなくなります。それでも再び紛争が起きないでいる最大の理由は、イギリスとアイルランドが共にＥＵに入ったからです。つまり、国境がなくなり、北アイルランドのカトリック教徒はアイルランドと自由に往来できるようになった。そのことで北アイルランドに住んでいるカトリックの人たちは、自分たちはアイルランドと一緒だという気持ちになれるわけです。そしてプロテスタントの人たちもイギリスとの一体化が維持できているのです。

ところが、イギリスがＥＵから離脱すると、北アイルランドとアイルランドの間に国境線が復活し、人やものの往来が自由にできなくなる。税関や検問所が復活し、警備のために警察や軍が配備されると、再び紛争を引き起こすのではないかと懸念されているのです。

２０１９年1月に大差で否決された離脱案には、アイルランドとの国境を復活させないための「安全策」として、国境管理の回避策

写真⑧—北アイルランドの首都ベルファストにあるカトリック教徒とプロテスタント教徒を隔てる壁｜写真提供：共同通信社

が見つかるまでイギリス全土を関税同盟に残す規定が盛り込まれていました。アイルランドはＥＵに加盟している。だからＥＵとの関係は維持しなければならない。イギリスは離脱するけれども関税同盟にとどまれば、北アイルランドとアイルランドの関係は現状維持に近い「安全策（バックストップ）」だ、ということですね。関税同盟というのは、同盟国の間では関税がないこと。同盟国は共通の関税政策を行うことになるので、１国だけが勝手にほかの国（同盟国以外の国）と貿易協定を交渉することはできません。

離脱強硬派は、どの国とも自由に関税を決められる「関税自主権」を取り戻そうとしていたのに、その離脱案では意味がない、と猛反発します。離脱反対派も「結局離脱してしまうのか」と反対します。メイ首相の「メイ案」は本人は「名案」と思ったかもしれませんが、議会をまとめられず「迷案」になってしまった、というわけですね。

同年３月、ＥＵに縛られるという懸念をやわらげるために、「ＥＵはイギリスを永続的に『安全策』に拘束しない。ＥＵがその約束を破ったら第三者の仲介機関で争える」という合意の付属文書を追加しましたが、離脱案自体の修正はなく、議会の支持は得られませんでした（ｐ86図表⑪）。

それにしても、北アイルランド問題には国民投票の時に気づくべきでした。離脱賛成派も反対派もそこまで考えていなかったのでしょうか。

図表⑪—**北アイルランドとの国境問題**

EU加盟のままなら…　　離脱すると…

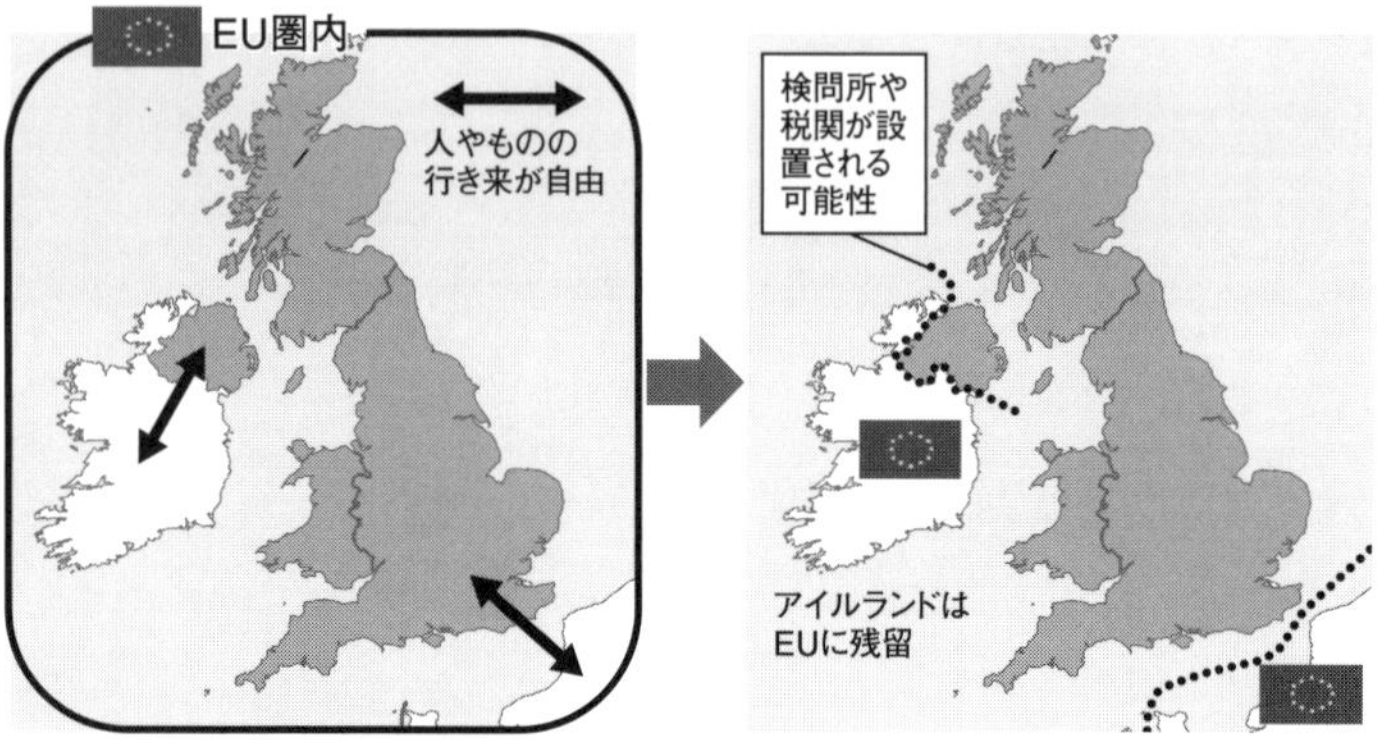

1923年のCTA（共通旅行区域）協定やヨーロッパ統合、ベルファスト合意を経て、北アイルランドとアイルランドとの国境には検問所も税関もない

問題点

税関職員や国境検査官が配置されるとアイルランドとの国境で人やものの自由な往来ができなくなる。

さらに国境警備のために警察や軍が配備される可能性が高くなり、これが再び紛争を引き起こす火種となりかねない

↓

メイ首相案

イギリス全体が欧州の関税同盟にとどまり（安全策）、さらに北アイルランドには別ルールを適用した緩やかな国境管理

←

イギリス議会

下院の離脱強硬派が「これではEUへの隷属となる」と猛反対し、否決

→

ジョンソン首相案

安全策は削除し、イギリス全体がEUの関税同盟から離脱。ただし、北アイルランドは関税手続きをEU基準に合わせる

- - → 解決なるか？

そして混乱は続いた

当初の離脱期限であった2019年3月29日当日になってもイギリス議会の合意は得られません。このままではEUとなんの取り決めもないまま離脱する「合意なき離脱」となってしまいます。その場合、経済や社会は大混乱をきたします。そこでメイ首相はEUに離脱期限の延期を申し出、EU側は2019年10月31日までの延期で合意しました。

同年7月、EU離脱をめぐる混乱の責任を取り、メイ首相が辞任しました。そして、離脱強硬派のボリス・ジョンソン前外相が、新首相に就任しました。新聞記者を経て保守党の下院議員になり、その後ロンドン市長を2期務める間にロンドン五輪を成功させた人物です。人気の政治家ながら、イスラム教徒の女性をその服装から「銀行強盗」や「郵便ポスト」にたとえるなど失言にも事欠かず、「イギリス版トランプ」と呼ばれています。

離脱期限が迫る10月2日、ジョンソン首相は「北アイルランドは英本土とともにEUの関税区域から離脱し、地続きの北アイルランドとアイルランドの間では簡易な税関検査で済ます」という代替案をEU側に示します。

これにEU側が難色を示したため、ジョンソン首相は「北アイルランドはイギリスの関税区域に置きつつ、EUの関税や規制も引き続き適用する。農産品や工業製品などの基準では北アイルランドはＥＵルールに従い、税関検査など厳格な国境管理を避ける」という妥協案を提示。ＥＵと合意にこぎつけ、ＥＵ首脳会議でも承認されました。

しかし、第三国から北アイルランドを経由してアイルランド（＝ＥＵ側）に入る可能性のある貿易品にはＥＵの関税ルールがずっと適用されることになり、事実上、英本土と分離されてしまう要素を含んでいます。

英本土との一体化の維持を主張し、与党・保守党と閣外協力する北アイルランドの民主統一党（ＤＵＰ）は反発し、労働党など野党各党や離脱反対派の議員たちもこの協定案を批判。10月19日、英議会で超党派グループが「離脱協定の正式な批准に必要な立法手続きが終わるまで協定案の採決は保留する」という動議を提出し、賛成多数で可決しました。

ジョンソン首相は、議会で9月に成立した法律に従い、２０２０年1月末までの離脱期限の延長をＥＵに要請し、承認されました。さらに12月には総選挙を実施します。

２０１６年の国民投票で離脱を選んでから3年、英議会では協定案の否決が繰り返され、離脱か残留か、国内の意見は大きく分かれて、イギリス社会の分断が進んでいます。混迷が続くイギリスから私たちが学ぶべきことは何か、今後の展開にも目が離せません（２０１９年10月31日現在）。

第3章

歴史から見る今のイギリス

すべてはヘンリー8世から始まった

ＥＵ離脱が難航した原因のひとつが北アイルランドとの国境問題でしたが、そもそも、北アイルランド紛争のきっかけは、歴史をさかのぼるとヘンリー8世（１４９１〜１５４７）という王様がいたからなんですね。君たちは世界史をもう習った？

――1年生でやってます。

ヘンリー8世の話は出てきましたか？

――全然（笑）。

そうですか。ヘンリー8世のしたことが、実は現在のイギリスにさまざまな影響を与えているのです。ちょっと長くなるけれど、16世紀までさかのぼってお話ししましょう。

ヘンリー8世がどんな王様だったかというと、キャサリンという王妃がいたにもかかわらず、いわゆる不倫をするわけですね（笑）。

キャサリンに仕えていたメアリーという侍女を好きになって関係を持ちましたが、メアリーは既婚者でした。そのうちに、メアリーの姉妹のアンを好きになって愛人にしようと思ったら、アンは「正式に結婚して奥さんにしてくれなきゃ嫌」と言ったんです（笑）。

でも、ヘンリー8世はカトリック教徒でした。カトリックは離婚できません。だからヘンリー8世は婚姻の無効を訴えたのですね。もともとキャサリンとの結婚は成立していなかったのだと申し出たのですが、ローマ教皇はこれを却下しました。

ヘンリー8世はどうしたか。それならば自分の新しい教会をつくってしまえばいい、と考えて英国国教会をつくるのです。カトリックから分かれるということは、宗教改革をやったんだよね。

宗教改革は、ローマ・カトリック教会が贖宥状《しょくゆうじょう》（免罪符）を販売することにルターやカルバンが抗議してプロテスタントが生まれた一連の改革のことです。

ヨーロッパ大陸で宗教改革が行われていた頃、イギリスにおいては王様が妻と別れたいから、ローマ教皇から離れて英国国教会というのを勝手につくり、自分が英国国教会のトップに立った、というわけです。

ルターやカルバンはもともとカトリックのやり方に猛反発したわけだから、教義の内容もずいぶん違っていきました。だけど英国国教会は、教義に反発したわけではないので、カトリックに教義が似ているのです。

ヨーロッパへ行くと、スペインやイタリア、フランスはカトリックの教会が多く、ドイツに行くとプロテスタント系の教会が多いでしょう。中の様子はまったく違います。ところが、イギリスの英国国教会の教会へ行くとカトリックそっくりです（図表⑫）。それは、そもそも「プロテスタント」とはローマ・カトリック教会の特権を認めない宗派の総称であって、教義でのまとまりではないからです。ヘンリー8世はカトリックに対抗しましたが、カトリックの教義そのものには異論はありませんでした。

時代が下るにつれ、英国国教会はカルバン派の影響を受けて次第にカルバン的になるのですが、それでもカトリック的なやり方が残ります。たとえば聖職者は白い聖職服を着る、というようなことです。

それに対して、もっとカルバンの教えを徹底すべきだ、もっと純粋になるべきだという人たちがピューリタン、純粋な人たちと呼ばれるようになり、英国国教会から弾圧を受けます。

イギリスにいられなくなったピューリタンはイギリスを脱出して新大陸に行き、アメリカという植民地をつくっていくことになるのです。もとをただせば、ヘンリー8世の身勝手な離婚騒動だから驚きです。

さて、自ら英国国教会の首長となったヘンリー8世は、キャサリンとの結婚を無効として、アンと結婚しました。でも結局また好きな人ができて、その後も別れては結婚しと、結婚を6回繰り返します。時には妻に不倫の疑いをかけて処刑もしました。宗教改革の発

図表⑫—**ヘンリー8世の宗教改革と英国国教会の特徴**

ヘンリー8世の宗教改革

もともと熱心なカトリック教徒

1521年、ヘンリー8世は宗教改革の機運に対し、カトリック教会を擁護する『七秘蹟の擁護』を著し、ローマ教皇から「信仰の擁護者」の称号を与えられる。

なんとしても妻と別れたい

正妻キャサリンと別れ、妻の侍女アンと結婚するために、教皇にキャサリンとの婚姻の無効を訴えるも、受け入れられず。ローマ・カトリック教会と対立する。

自分が教会の首長となり、国内の教会を仕切る

1534年、国王が国内の教会の首長であるという首長法を発布し、ローマ・カトリック教会から離脱。自らの権限でキャサリンと別れ、アンと結婚。（その後も、結婚しては別れたり処刑したりを繰り返し、全部で6人の女性と結婚した）。

さらに…

修道院法を廃止して、カトリックの修道院の土地と財産を没収。その結果、王室はイギリスでいちばんの大地主となり、現在まで続いている。

● プロテスタントではあるが…

その後、英国国教会は1559年の統一法で独自の教会体制を確立したが、教義や典礼儀式、教会装飾などはカトリックに近い

英国国教会の総本山カンタベリー大聖堂内部。カトリック教会と同様、豪奢で荘厳なつくり

プロテスタントの教会内部の例（ドイツ）

写真提供：De Agostini（上）、Granger（左）、Alamy（右）/PPS通信社

端となったアンも処刑されています。すごいでしょう。

ちなみに、アンは女の子をひとり生みました。のちの女王エリザベス1世です。ヘンリー8世は男の子の誕生を強く望み、それが6回の結婚の動機だったともいわれています。結局、ヘンリー8世の世継ぎとなった男子はいませんでした。

カトリックの修道院の財産を取り上げた

英国国教会をつくったために、ヘンリー8世はローマ教皇から破門されます。ヘンリー8世はカトリックを禁止し、修道院を解散させ、財産と土地をすべて取り上げます。修道院はそれぞれが非常に広い農地を持っていました。なんとイングランドの土地の5分の1が王室に移動した、といわれています。

ヘンリー8世は離婚したいがためにカトリックから分かれたと一般的にいわれていますが、実はカトリックの財産を全部自分のものにする狙いもあったのでしょう。ヘンリー8世は大変な浪費家で、父親のヘンリー7世から受け継いだ財産を使い尽くしていたのです。

カトリックの財産をすべて取り上げて王室のものにした。その結果、イギリスの王室はイギリスでいちばんの大地主になりました。それは現在に至るまで続いています。

ロンドンの中心部にブランドショップが並ぶ通りがあります。バーバリーとかアクアスキュータムとかがあるリージェント・ストリート。あの繁華街の大家さんはイギリス王室なのです。イギリス王室は大変な領土を持っています。だいたいイギリスのほとんどの海岸は王室が持っているといっていいでしょう。

地図（p22地図①）を見ると、アイルランドとイギリスの間に「イギリス王室属領マン島」とあるでしょう。あるいはフランスとの間にも「イギリス王室属領チャネル諸島　ガーンジー島、ジャージー島」があるでしょう。これらは全部イギリス王室のものなのです。

王室の島がタックスヘイブンになった

Q 王室属領の島では、ある問題が起きています。それはなんでしょう？

──わかりません……。

じゃあ、ヒントをあげましょう。ケイマン諸島が特に有名で、近年では「パナマ文書」が話題になりました。

──あ、タックスヘイブンですか？

そう、正解です。ジャージー島がタックスヘイブンなのです。タックスヘイブンというのは、税金（tax）の避難所（haven）という意味で、租税回避地と訳されます。法人税や所得税がまったくかからないか、税率を極めて低くして、戦略的に企業の設立や富裕層の資産を集めるようにしている場所のことです。天国のヘブン（heaven）じゃないですよ（笑）。

ジャージー島がなぜタックスヘイブンなのか？　イギリス政府はこの島の所有者であるイギリスの王室に対して、税金の制度を押し付けることができないのです。つまり、ここに会社をつくっておけば、イギリス政府に税金を納める必要がないわけです。

イギリスのさまざまな企業があくまで名目上、特にジャージー島に本社を置いています。会社をつくる時には登記料を払います。その登記料がジャージー島の収入になる、という構造なのです（p97図表⑬）。

同じ仕組みで有名なのが、パナマです。世界中の船の多くがパナマ船籍なのを知っていますか？　日本の船会社が持っている船の多くもパナマ船籍になっています。パナマという国は、税金が一切かからない。だけど船会社が登記する時にお金を払う。それがパナマの国の収益になって国の財政を支えている、というわけです。

ジャージー島というのは、イギリス政府がコントロールできない租税回避地になっていて、イギリス王室が利益を得るようになっています。

タックスヘイブンで問題なのは、結果的にマネーロンダリング、訳すと資金洗浄が行われていることです。資金洗浄とは、いかがわしいお金がきれいなお金であるかのようにごまかす、という意味ですね。

たとえば、マフィアなどが麻薬の取り引きだったり、銃や兵器の取り引きだったり、不法に得たお金をタックスヘイブンの架空の会社へ送る。その会社の収益ということにして別の会社へお金を送ると、闇のお金がきれいなお金になる、というわけです。

MI6の送金も行われる

イギリスというのは情報大国でもあります。有名なスパイ組織があるよね。知っていますか?

――MI6ですか?

図表⑬―**タックスヘイブンの仕組み**

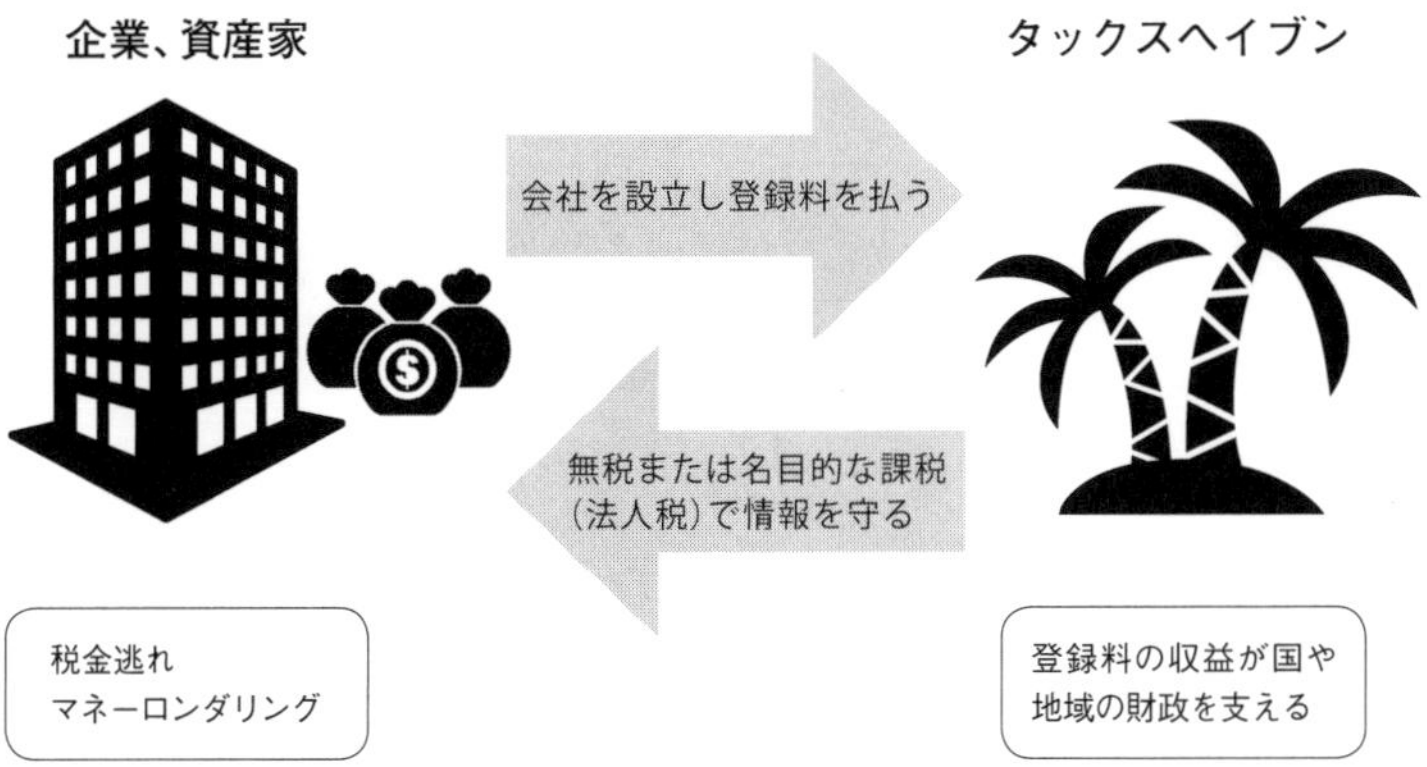

そうだね。海外でスパイ活動をしているのがＭＩ６で、イギリス国内のスパイを摘発するのがＭＩ５です。ＭＩ６、ＭＩ５（ＭＩはMilitary Intelligenceの略）は旧名称で、現在の正式名称はそれぞれシークレット・インテリジェンス・サービス（Secret Intelligence Service　通称ＳＩＳ）、セキュリティ・サービス（Security Service　通称ＳＳ）です。ＭＩ６、ＭＩ５は通称として現在も使われているので、ここでもそのまま使います。

映画の『００７』シリーズを知っているかな。あの『００７』というのはＭＩ６の話です。海外でスパイ活動をしています。

ＭＩ６は、海外で情報を得るために、当然ながらお金をたくさん使うよね。領収書がいらないお金を使うわけだ。それがイギリス政府から直接出ていることがわかれば、スパイだということがばれてしまうでしょう。

そこで、ＭＩ６は資金洗浄にジャージー島を使うのですね。ジャージー島に架空の会社をつくり、そこにＭＩ６がお金を送り、民間の会社から送金されたというかたちで、民間企業の社員を装って世界中で活動をしている、というわけです。

もうだいぶ前のことですが、駐日イギリス大使館に呼ばれて行ったことがあります。皇居の半蔵門のあたりに広い大使館があるでしょう。あそこへ行ってイギリス大使館の書記官に、ここにはＭＩ６の東京支局があるのでしょう、と言った途端、書記官がここではそんな話はしないでくれ、と（笑）。もう、（あると）認めているようなものだよね。
そのあと、皇居のお堀沿いにずうっと建物を見て歩いたら、ある建物にだけ上にアンテナがいっぱい立ってました（笑）。あっ、ここかなと思ったわけですけど。

――東京支局がある、というのは暗黙の了解になっているのですか。取り締まらないということは……？

取り締まる？　どこが取り締まるの？

――スパイっていうのを、なんていうか……。

スパイは悪いことだと思っているでしょう。

――はい！（笑）

ＭＩ６はイギリスにとって非常に大事な国家組織で、彼らは国家公務員です。さらに言えば、外交特権というのがあるから、外国の大使館の大使や大使館員が罪を犯しても逮捕することはできません。
ロンドンのＭＩ６の本部はテムズ川沿いにある、ちょっとピラミッドみたいな形の大きな建物です。その建物がＭＩ６ということはみんな知っています。また現在ではＭＩ６のトップが代わるたびに誰かということを公開しています。雑誌に求人広告も出しています。
日本の感覚だとわかりにくいのですが、イギリスやアメリカのスパイ組織というのは、堂々と活動をしているのです。

ちなみに、アメリカではCIAがMI6、FBIがMI5に相当します。CIAは海外で活動するスパイ組織、FBIは連邦捜査局といって警察なのですが、アメリカの国内のスパイを取り締まっています。

私がロンドンで買ってきた雑誌『エコノミスト（The Economist）』にCIAの職員募集広告が載っていました。「A Mission Like No Other」、ほかでは絶対ない職業だと書いてありますね。英語以外の語学にも堪能であること、とも書いてある。みなさん大丈夫ですよ、日本語が堪能ですから(笑)。ああ、だめだ、アメリカの市民権が必要だって書いてある(笑)。でも将来、アメリカの市民権を得ることもありますからね。可能性はあります。

アイルランドを植民地化した

MI6からCIAにまで脱線しましたが、話を元に戻すと、ヘンリー8世が英国国教会をつくり、カトリックの修道院の土地と財産を全部、王室のものにした。それによって現在につながるイギリス王室の財政基盤が築かれた、ということでしたね。

さらに、ヘンリー8世はアイルランド王を兼ねて、アイルランドを支配します。ヘンリー8世の頃、アイルランドは、ローマ教皇がアイルランドへ布教をする代わりにイングランド王に太守として統治させる、というかたちをとっていました。

英国国教会をつくって教皇から破門されたヘンリー8世にとって、もうこの形式的なルールに従う必要はありませんね。ヘンリー8世は、教皇の宗主権を無効とし、アイルランド王を名乗ってアイルランドを植民地化しました。アイルランドのカトリックの人たちは猛烈に反発しますが、ヘンリー8世以降、イングランドがアイルランドを徹底的に弾圧する構図がずっと続くのです。

19世紀になってアイルランドでジャガイモが栽培されるようになると、イングランドへ大量に輸出させます。しかし1845～49年までの4年間、ヨーロッパでジャガイモの病気がはやりました。ジャガイモの生産が激減します。

アイルランドはジャガイモを主食にしている人たちが多いので、限られたジャガイモを輸出したくない。ところが、イングランドが輸出しろと言う。ジャガイモの生産量が激減しているにもかかわらず、イングランドが持っていってしまうことによって、アイルランドで「ジャガイモ飢饉《ききん》」が起きました。4年間にわたって、アイルランドでは100万人以上といわれる人たちが餓死しました。

この時、もうここにはいられない、と新天地アメリカへ大勢の人たちが移住しました。

その子孫に、第35代アメリカ大統領のジョン・F・ケネディがいます。大変人気がありましたが、1963年に遊説先のダラスで暗殺された悲劇の大統領です。

アイルランドから移住してきたので、ケネディ家はカトリックでした。アメリカはピューリタンがつくったプロテスタントの国。ケネディが民主党の大統領候補になろうとする時、カトリックの大統領が出ていいのか、と大変なバッシングを受けました。

カトリックはローマ教皇がトップなわけでしょう。アメリカ大統領がローマ教皇に従う人でいいのか、という大議論になったんです。ケネディは、信じている宗教と国の政治は別、自分はカトリックだがアメリカのために尽くすと言って、民主党の大統領候補になることができ、アメリカの大統領になりました。でも、それ以降、カトリックでアメリカ大統領になった人はいません。アメリカでは少数派のカトリックだと不利になることが多い、ということですね。

アイルランドの人たちはニューヨークに多く移住し、真面目な気質もあって、警察官や消防士になっている人が多いのです。3月17日はアイルランドの祭日の「聖パトリックの日」です。聖パトリックというのはアイルランドにキリスト教を伝えた司教でアイルランドの守護聖人です。この祝祭のシンボルカラーが緑なので、ニューヨークが緑に染まります（写真⑨）。それだけ大勢のアイルランド系がいる、ということですね。

私の友人のパックン、パトリック・ハーランね。パトリックという名前だけでアイルランド系とわかります。子どもにアイルランドの聖人の名前をつけるくらいだから、両親は敬虔なアイルランド系のカトリック、というわけです。彼に初めて会った時、あなたはアイルランド系ですね、と言ったら、そうですと言ってましたね。

当然、彼のご先祖様はアイルランドからアメリカに渡ってきたわけ。当時はハーランド、最後にdが付いていたそうです。パックンに言わせると、アイルランドからアメリカに渡る船が途中で嵐にあって、船が転覆しそうになった。とにかく積み荷を全部捨てろと言われ、積み荷を全部捨てた。その時ハーランドのdも一緒に大西洋に捨てたそうです（笑）。

写真⑨—ニューヨークの聖パトリックの日。アイルランド系の人が緑色の服や小物を身につけて祝う｜写真提供：Alamy/PPS通信社

これは彼のジョークですね。

当時、ヨーロッパからアメリカにやってきた移民たちは自由の女神のすぐ横のエリス島というところで、登録をしていました。恐らく、その時にご先祖様がdを取ったか、担当者が間違えて変えちゃったというのが真相だと思いますけどね。

独立しても火種は残った

さて、ここまで振り返ってみると、ヘンリー8世が諸悪の根源だということがわかるでしょう。アイルランドはイギリスの植民地となってしまった。しかし、当然ながら自分たちの国をつくりたいという思いがあるわけです。

アイルランドの人たちは、「ジャガイモ飢饉」のあとも独立を求めて抵抗し続けました。「ボイコット」という言葉があるでしょう。要求を実現させるために拒否、不買、排斥などをすることだね。これはアイルランドで生まれた言葉で、ボイコットは「ジャガイモ飢饉」の少しあとのイギリス人の名前です。

1880年、イギリス人の農場支配人ボイコット大尉が、小作人のアイルランド人を追放しようとしたのに対して、小作人は大尉との交渉を一切断ち、召使いは家を離れ、商人は物を売らないという抵抗をしました。ボイコット一家は餓死しそうなほど弱ってしまって結局屈服しました。このアイルランド人たちの抵抗運動がボイコットと呼ばれるようになり、広がっていったのです。

20世紀に入ると、1914年にアイルランドの自治を認めるアイルランド自治法がイギリス議会で成立します。しかし、第一次世界大戦（1914〜18年）勃発によって実施が延期されることになり、延期に反発する民族主義者たちが1916年4月の復活祭の日に武装蜂起します。復活祭の英語表現にちなみ「イースター蜂起」と呼ばれていますが、この時はイギリス軍によって鎮圧されました。

2年後のアイルランド総選挙で、アイルランドの独立を目指すシン・フェイン党が大勝すると、彼らは本国イギリスの議会に出席することを拒否し、1919年、首都ダブリンに独自のアイルランド共和国議会を開設し、独立宣言します。

イギリスは独立宣言を認めず、アイルランドと激しい戦闘となります。これが「アイルランド独立戦争」（1919〜21年）です。鎮圧政策に行き詰まったイギリスは「アイルランド自由国」の樹立を認めます。

しかし、これは完全な独立ではありませんでした。自治は認められたものの、軍隊は制限され、四つの港をイギリス軍に提供し、沿岸の警備もイギリス海軍の権限でした。漁業権や関税権にも制限がありました。

さらに、より大きい問題は、南北分割だったのです。アイルランドをプロテスタントの多い北部とカトリックの多い南部に分割するものでした。

――南北分割というと、朝鮮半島を思い出します。

朝鮮半島は、第二次世界大戦の戦勝国であるアメリカとソ連という第三者によって強引に分割されたわけだけど、アイルランドの場合は住民の宗教や思想の違いによって分割せざるを得ない状況だったんだよね。

地理的にグレートブリテン島に近い北部では、数百年にわたる植民地支配の間に、イングランドのプロテスタント（英国国教会の信徒たち）が多数入植し、プロテスタントが優勢になっていました。

彼らはカトリックに支配されることを嫌います。また、北部のベルファストなどの都市は工業化が進み、イギリスの資本家たちがイギリス経済との分離に反対したため、北部はイギリスに留まることになったのです。

ここから物事がややこしいことになってくるわけですね。

アイルランドが完全に独立できたのは、第二次世界大戦後の１９４９年、イギリス連邦から独立し、アイルランド共和国となった時です。

一方、イギリスに留まった北アイルランドでは多数派のプロテスタントと少数派のカトリックが対立します。カトリック勢力はなんとしてもアイルランドと一緒になりたいと思って、その中からアイルランド共和軍（ＩＲＡ）という過激派組織ができるわけです。

それからのことは、授業の始めにお話ししましたね。もう一度、要約しておきましょう。アイルランドとの一体化を求めるカトリック勢力と多数派のプロテスタント勢力が互いにテロ攻勢をかける「北アイルランド紛争」が起き、ようやく和平が成立した。和平に至った最大の要因はイギリス、アイルランド両国ともＥＵに加盟して、国境を自由に行き来できるようになったからだった。それなのにイギリスがＥＵから離脱してしまうと、国境が復活し、北アイルランド紛争が再燃しかねない。それで離脱協定案が決められないでいる、ということです（ｐ１０８図表⑭）。

ハリウッド映画に、『デビル』という作品があります。ブラッド・ピットが北アイルランドのＩＲＡのテロリストを演じていて、彼はテロを起こすために、ニューヨークへやってくる。先ほど話したように、ニューヨークの警察官にはアイルランド系が多く、彼はハリソン・フォード演じるアイルランド系の警察官のところに世話になります。その警察官がやがてＩＲＡのテロ計画に気づく、という内容です。これなどは、まさに北アイルランドのＩＲＡとニューヨークのアイルランド系のコミュニティを描いた映画です。

図表⑭―**アイルランド独立までの流れと北アイルランド紛争**

年	できごと
1155	この頃から、イングランド国王のアイルランド統治が始まる
1541	ヘンリー8世がアイルランド国王を名乗る
1601	アルスター地方でイングランドとアイルランドが衝突。イングランドが勝利し、この地方を占領。以後プロテスタントの入植が始まる
1603	イングランドがアイルランド全土を征服
1641	アルスター地方のアイルランド人が反乱を起こし、数千人のプロテスタントが殺害される
1649	クロムウェル率いるイングランド軍が上陸し、カトリック教徒を鎮圧。4万人のアイルランド人を農場から追放し、その土地を自軍の兵士に分け与える
1801	グレートブリテン及びアイルランド連合王国成立
1845	この年から4年間、ジャガイモの葉枯れ病が広まり、大飢饉となる(ジャガイモ飢饉)。死亡や外国への流出で、人口の約3割が失われた
1914	アイルランド自治法が可決されるが、第一次世界大戦勃発で実施延期に
1916	民族主義者によるイースター蜂起勃発。イギリス軍によって鎮圧される
1919	前年の選挙で勝利したシン・フェイン党がダブリンでアイルランド共和国議会を開設し、独立宣言。イギリスはこれを認めず、独立戦争へ
1921	両国が休戦に合意。英愛条約調印。翌年アイルランド自由国が成立するが、北アイルランドはイギリスの統治下にとどまる。
1949	イギリス連邦から離脱し、アイルランド共和国が成立

その後、北アイルランドでは…

少数派となったカトリック教徒の一部に過激派「アイルランド共和軍(IRA)」が生まれ、各地でテロを起こす。これに対しプロテスタント側も「アルスター義勇軍」を結成し、テロで対抗。泥沼の争いは長期化した(北アイルランド紛争1968～98)。
1973年、イギリスとアイルランドがECに加盟。1998年、「ベルファスト合意」により、北アイルランドに自治政府が設立。紛争はようやく収束。

イギリスのEU離脱で…

アイルランドと北アイルランドの間に国境ができると、再び紛争となる可能性も。実際、新IRAの犯行と思われるテロ行為が発生している。

新ＩＲＡがテロを起こしている

ヘンリー8世から現在のイギリスまで一気に話してきましたが、歴史の因果関係を知ると面白いでしょう。でも、面白いとばかり言っていられません。北アイルランドからは不穏なニュースが伝わっています。

アイルランド共和軍（ＩＲＡ）は、１９９８年のベルファスト合意に基づいて、武力闘争をやめたのですが、それでは生ぬるいと和平路線を不満とするメンバーを中心として、「リアルＩＲＡ（Real IRA　真のＩＲＡ）」、という過激組織が生まれます。

彼らは和平合意後も北アイルランドやロンドンで爆弾テロを行ってきました。２０１２年には無党派的な民兵組織などと合併し、通称「新ＩＲＡ（New IRA）」を設立したといわれています。

日本ではまだほとんど報道されていませんが、新ＩＲＡは、すでに北アイルランドのベルファストで爆弾テロを始めています。

２０１６年3月に起きた刑務所職員への爆弾テロ、翌年1月に発生した警察官銃撃事件は、新ＩＲＡが犯行を自認したとされています。

2018年には平和的手段でアイルランド統一を目指していたシン・フェイン党のジェリー・アダムズ前党首の自宅が爆発物による攻撃を受けました。また、2019年1月に、北アイルランドのロンドンデリーで自動車爆弾によるとみられる爆発が発生。いずれも、新IRAの犯行と考えられています。同年4月には、同じロンドンデリーで、警察車両などに爆弾を投げつける暴動があり、新IRAの男が警察に向け発砲した弾が、近くで取材していた女性記者に当たり死亡するという事件も起きました。

イギリスがEUから離脱すれば、「新IRA」のテロ行為がさらに活発化する恐れもあり、北アイルランドやロンドンでは、過激組織から目を離せない状態なのです。

イギリスから逃げ出す企業たち

離脱をめぐっては、アイルランドのほかにもさまざまな問題があります。日本企業のなかにはイギリス国内での製造を縮小したり撤退したりする動きが出ています。

「合意なき離脱」の恐れが現実味を帯びていた2019年2月3日、日産自動車がスポーツ用多目的車（SUV）「エクストレイル」の次期モデルをイギリス国内の工場で製造する計画を取りやめることを発表。2020年をめどに高級車「インフィニティ」の生産もやめることになりました。

その2週間後には、ホンダが世界的な生産体制の見直しの一環として、2021年中にイギリスの工場での生産を終了すると発表しました。

EU離脱とどう関係があるのか？　イギリス国内にある日産やホンダの工場は組み立て工場で、部品はヨーロッパ大陸でつくられています。イギリスがEUから離脱すると、イギリスとEUの間では関税が復活するわけですね。日産やホンダがヨーロッパ大陸でつくった部品を輸入しようとすると一つひとつチェックをし、関税がかかる。そうなったら、とても仕事をやってられない。イギリスではあまり自動車も売れないし、この際だから出ていこう、というわけです。

さらに、イギリス国内で製造されている車はヨーロッパ大陸へ輸出されています。イギリスがEUから離脱すれば、イギリスからヨーロッパ大陸へ輸出する際に関税がかかってしまいます。トヨタ自動車も、関税がかかれば打撃になるとし、将来的な撤退の可能性に言及しました。

各国の金融機関にも動きがあります。ヨーロッパの拠点を、これまで世界の金融センターとしての地位にあったロンドンの「シティー」から移す企業が続出しています。EUには「単一パスポート」と呼ばれる制度があり、ひとつの加盟国で認可を得れば、ほかの国でも事業を行えるため、多くの国の金融機関がイギリスでパスポートを取得していました。しかし、今後EUで仕事をするには、改めてEU内の別の国でパスポートを取得しなければならなくなります。さらには、イギリスで認可を受けた金融機関は、離脱後、EU域内での事業が制限される可能性もあります。

日本の大手金融グループは、ドイツやオランダに新たに拠点を設け、すでに営業を始めたところもあります。

大和証券グループ、みずほ証券、野村ホールディングス、SMBCグループはドイツのフランクフルトに、三菱UFJ証券ホールディングスはオランダのアムステルダムに新たな拠点を設けました。これまでイギリス経済の強みは「シティー」に世界の金融機関が集まっていることだったのに、今後、一気に冷え込むことが予想されます。

金融以外ではソニーとパナソニックも、ヨーロッパの拠点をオランダのアムステルダムに移しています。

こうしてみると、企業はドイツのフランクフルトや、オランダのアムステルダムに拠点を移していますね。どちらも、EU加盟国で物流・経済インフラが整備されています。

日本企業の欧州拠点といえば、これまではイギリスとドイツでしたが、オランダに拠点を持つ企業が増えています。オランダは英語の普及率が高く、ほぼ100%英語が通じることも人気の理由になっています。

また、法人税率は25％（20万ユーロまでの課税所得は19％／２０１９年）でフランス、ドイツより低く、一定の条件を満たせば一部の配当金や利益は法人税課税の対象外になるなど、企業が税負担を減らせる仕組みになっています。そのため、近年オランダのアムステルダムに拠点を持つ会社が増えているわけです。

また、日本とＥＵの間ではＥＰＡ（Economic Partnership Agreement　経済連携協定）が結ばれ、２０１９年2月から発効しています。たとえばワインやチーズなどの関税を減らしていきますよ、ということになったのですが、イギリスがＥＵから離脱すると、イギリスと日本の間で関税が復活します。

政治・外交のみならず、経済でも、イギリスはＥＵ離脱によって厳しい道を歩むことになるのです。

離脱に続く国はなくなった

「離脱によって出ていくのは、彼らだ」——議会の前で離脱反対派が掲げるプラカードに描かれていたのはＢＭＷ、ホンダ、トヨタなどの自動車の絵。エアバスの飛行機が飛び立つ様子も描かれています（写真⑩）。

　ＥＵから離脱すると本当に去るのは、イギリスをヨーロッパの拠点にしていた海外の製造業だ、というわけです。ＥＵと協調することを議員たちに訴えたのですね。

　ＥＵ離脱で、イギリスの力は低下してしまうのでしょうか？　イギリスは現在も、ヨーロッパの大国です。ＥＵ内ではドイツに次いで人口が多く、ＧＤＰは世界第５位、軍事力は世界第６位です（２０１８年）。スパイの話をしましたが、世界有数の情報大国でもあります。

　イギリスは、国連安全保障理事会の常任理事国であり、大国としての影響力は維持するでしょうが、ＥＵ離脱後の将来像が見えず、力が弱まるのは避けられないでしょう。ＥＵ

写真⑩―「LEAVE MEANS THEY LEAVE（離脱とは彼らがいなくなること）」。離脱によって大手企業がイギリスから拠点を移すことを危惧する離脱反対派のプラカード
｜写真提供：Alamy/PPS通信社

のほうも、ヨーロッパの大国で情報力や外交、防衛に優れたイギリスを失うのはマイナスです。

イギリスはアイルランド国境問題という難問を抱えていますが、より本質的な問題は、国民投票で明らかになった富裕層と貧困層、グローバリズムとナショナリズムといった社会の分断です。これは日本を含む先進国のほとんどが直面している問題で、解決は困難です。

――言い方は悪いですけど、イギリスは貧しい国から移民が来るのが嫌なんですよね。EUのほかの先進国は、同じ理由でEUから離脱していったりはしないんですか？

いい質問ですね。イギリスが国民投票でEUから離脱することが決まった時、EUのいろんな国の中で我々も独立しよう、という動きが一気に広がりました。フランスでもドイツでも、あるいはオランダでも、EUから離脱をすべきだという運動はずっと続いてきました。

ところが、離脱を選んで混乱するイギリスを見て、ほかのEU諸国から離脱の声は聞こえなくなりました。大半の加盟国でEUへの支持率が上がっています。「フレグジット（Frexit）」と言っていたフランスの右翼政党「国民連合」のルペン党首も、EUからの離脱を言わなくなり、EUの改革を目指す、と語っています。

イギリスがスムーズにＥＵから離脱すると、ほかの国々も次々にＥＵから離脱しかねないので、ＥＵはいろいろな難題を持ち出して、イギリスを苦しませています。要するに嫌がらせをしているわけです。それを見れば、みんな離脱をあきらめるだろうと。これがうまくいっている、ということです。

アジアでＥＵのような共同体はできるか？

――イギリスの離脱問題はありますけど、ＥＵはヨーロッパ共同体として、一応成功したと思います。イギリスと同じ島国である日本を中心にして、アジアでＥＵのように関税を撤廃して人の行き来を自由にすることはできないのでしょうか？

非常にいいポイントを突いていますね。ＡＳＥＡＮ《アセアン》（東南アジア諸国連合）を知っていますよね？　ＡＳＥＡＮが、要するにＥＵのような共同体を目指しています。

現在は、貿易などの関税をどんどん減らしていきましょう、という経済協力の段階です。また、アジア欧州会合（ＡＳＥＭ《アセム》／Asia-Europe Meeting）という１９９６年からアジア（21か国と１機関）と欧州（30か国と１機関）の合計51か国と２機関によって構成されているフォーラムに、日本も参加しています。政治、経済、社会・文化を三つの柱として、アジアと欧州の協力関係を強化する活動をしています。

――ＥＵにユーロという共通通貨があるように、アジアでも共通の通貨にしようという動きはあるのですか？

共通通貨の構想はありますが、なかなか議論が進まない状況です。どうしてだろうか？アジアは国によって、政治体制や文化があまりに違いすぎるのです。ＥＵに加盟している国は、みんな資本主義経済で民主主義、さらに言うと、キリスト教の国ばかりでしょう。ところが、アジアは民主主義の国もあれば独裁国家もある。仏教の国もあればイスラム教の国もある。さらに、経済力に大きな違いがありすぎるのです。でも、通貨の問題も含めて、ＥＵのような共同体をつくる目標に向かって少しずつ進もうとしている段階です。

――中国は「一帯一路」で巨大な経済圏を築こうとしていますよね。先ほどＡＳＥＭのお話もありましたが、イギリスのＥＵ離脱問題があっても、世界的に大きな経済圏を築こうとする動きが止まらないのはなぜでしょうか？

関税を下げて、それぞれ貿易を盛んにしていくこと自体は、ウィンウィン（win-win）の関係になるわけだよね。ＴＰＰ（環太平洋パートナーシップ）協定もそれが狙いです。ＥＵの歴史でたとえると、共同市場をつくって商品の売買や企業活動をするＥＥＣ（欧州経済共同体）までは別に問題がなかったよね。各国で自国の産業を守らなければいけないという個別の問題はあるとしても、全体として大きな問題にはならないわけです。国境をなくして、人の移動を自由にしたら問題が生じたわけでしょう。

イギリスのEU離脱をめぐる国民投票が実施された際、圧倒的に離脱賛成が多かったのが漁業関係者でした。なぜかというと、イギリスは遅れてECに加盟した際、加盟の条件としてイギリス近海の豊かな漁場でほかの加盟国が漁をすることを認めたからです。EUに加盟したら排他的経済水域を各国で個別に設けない、というわけです。

でも、イギリスの漁師にしてみれば、同じEUだからといって、自分たちが漁をしているすぐ近くまでデンマークやオランダの漁船が来て魚を取っちゃうのはけしからん、と猛反発しているのです。

現在EUでは、国ごとに漁業量を割り当てる「共通漁業政策」をとっていて、イギリスは制限を超えて取ってしまった場合、その魚は水揚げできず、海に戻さなければなりません。イギリスの漁業関係者はEUを離脱して漁業権を取り戻したいのです。しかし、EU加盟国は従来どおり、イギリスの水域で漁業をすることは既得権益ですから容易に手放さないでしょう。EUからの離脱交渉において、漁業問題は最難関の課題のひとつと見られています。

ASEANは、国境や排他的経済水域をなくすという話にはなっていません。EUを見て、やりすぎると問題が生じると思っている国はあるでしょうが、関税を減らしていって、貿易を活発にするための組織をつくったほうがいい、という動きは世界的に止まらない、ということです。

第4章
二大政党制から見るイギリス

日本がお手本にした二大政党制

イギリスは二大政党の国です。次の第5章で詳しく取り上げますが、イギリスは基本的に階級社会です。もともと王様がいて、その王様の下に貴族がいて、一方で、労働者がいるという社会の中で議会がつくられ、貴族院と庶民院ができ、さらに上流階級を代表する政党と、労働者を代表する政党のふたつが生まれたわけです。

二大政党が交互に政権を担当して国政を行うようになったのは、19世紀中頃のヴィクトリア女王の時代からです。その当時は「保守党」と「自由党」でした。20世紀になってからは「保守党」と「労働党」です。二大政党が交替することによって、長期政権による政治の腐敗や停滞を生まないという利点があります。

アメリカの民主党と共和党、ドイツのキリスト教民主同盟（CDU）と社会民主党（SPD）も二大政党として知られていますね。

それから、右左でいえば、右派が保守党、左派が労働党ということになります。政治の話題が出る時に、右派（右翼）とか左派（左翼）とかいうでしょう。これはフランスで生まれた言葉です。フランス革命が起きて共和制に移行する時、国民議会が開かれました。

議長席から見て右側に国王の権利を認めるべきという人たち（王党派）が座り、左側に国民の権利を強くすべきという人たちが座っていました。

そこから伝統的な政治体制を守ろうとする人たちを右派・右翼、変えようという人たちを左派・左翼と呼ぶようになったのです。もっとも、現在では保守党も労働党も、それぞれ中道右派、中道左派になっていて、穏やかな右派と左派というのが実態です。

議会は貴族院と庶民院の二院制です（図表⑮）。

図表⑮―**イギリスの政治体制**（2019年10月現在）

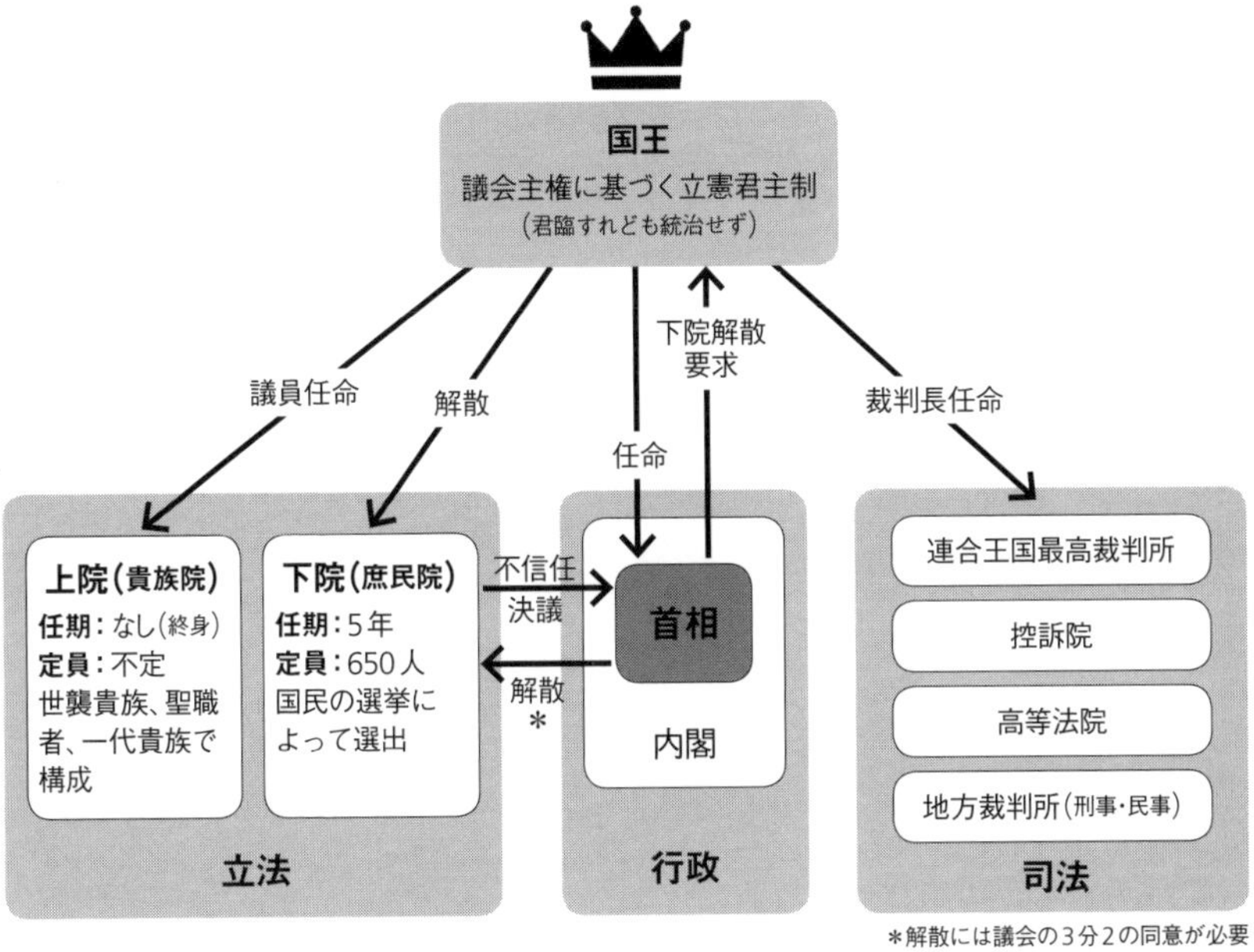

＊解散には議会の3分2の同意が必要

上院と下院という分けかたでいうと、国民の直接選挙で選ばれた議員で構成される下院にあたるのが庶民院です。庶民とは、貴族ではない一般の人たちを指します。また、上院にあたるのが貴族院になります。ここではわかりやすく上院と下院と呼ぶことにしましょう。

現在の下院の定員は６５０人。イギリスは小選挙区制です。小選挙区制とは、１選挙区ごとに１名のみを選ぶ選挙制度のこと。定員が６５０人ということは、イギリス国内は６５０の選挙区に分かれているということですね。ちなみにイギリス下院の定数はよく変わります。

Qでは、日本の選挙制度はどうなっていますか？

——小選挙区と比例代表で選びます。

そうだね、日本の衆議院の場合は「小選挙区比例代表並立制」といいます。小選挙区選挙と比例代表選挙の両方を並行して行っています。小選挙区では候補者個人に、比例代表では政党に、有権者は２票投票します。参議院は中選挙区と全国単位の比例代表で候補者の名前を書くこともできます。

比例代表制は、得票数に比例して、小さな政党にも議席が得られるようにしているわけだよね。小選挙区の場合、全部小選挙区にすると、ひとりしか当選しないから、対立候補に投票した票が全部むだになるわけです。いわゆる「死票（死に票ともいう）」ということになります。必ずしも国民の声を政治に反映していないような状態になってしまう。

それではいけないというので、日本の場合は、比例代表で得票数に応じて、小さな政党でも議席がとれるような仕組みにしているのです。

日本の場合は、死票を減らそうとしているのですが、イギリスは、死票があってもかまわない。選挙区でとにかく勝ったほうが当選する、という仕組みにしています。それによって、政権交代を敢えてしやすくしているのです。

たとえば、現在は保守党が政権をとっています。だけど、EU離脱をめぐって、長い間迷走してきたわけでしょう。EUから離脱はおかしい、保守党はけしからんということになれば、次の総選挙で各選挙区の人たちがほんのちょっと保守党から労働党に投票行動を変えただけで、ばたばたっとそれぞれの選挙区で労働党が勝つ。あっという間に労働党が多数党になり、政権交代が起こるということがあるわけだよね。

イギリスのように、どちらかの政治がうまくいかなかったら、対立する政党が政権をとれる仕組みにしたい。日本もそう考えて、衆議院を１９９６年の選挙から小選挙区比例代表並立制という現在の選挙方法にしたのです。

衆議院は、その前は「中選挙区制」でした。ひとつの選挙区から複数人（原則として3人から5人）が当選するやり方です。それを敢えて、ひとつの選挙区からひとりしか当選できない仕組みにしました。小選挙区制は二大政党制になりやすく、その結果、政権交代が起きやすいと考えられています。そうしたら、事実、自民党から民主党に政権が代わり、民主党が駄目だということになったら、また自民党に政権が代わった。結果的にいえば、この選挙制度にしたことによって、2度の政権交代が行われたのです。

日本はイギリスを「目標」にしてきました。アメリカでも同じように、共和党と民主党という二大政党制で、現在は共和党のドナルド・トランプ大統領です。イギリスやアメリカの二大政党制から学んで、日本は今の選挙制にしたわけです（図表⑯）。

日本人が知らない貴族院の実態

日本の衆議院にあたる下院に対して、上院は、聖職者や貴族で構成される貴族院。日本も、戦前は貴族院と衆議院だったでしょう。今は参議院になっていますが、もともとは貴族院だったよね。戦前は日本にも華族制度があり、華族という名の貴族がいたわけです。

戦後、アメリカが日本の新憲法の草案をつくった時に、アメリカは「貴族院をなくして

図表⑯—**選挙制度の違い**

中選挙区制

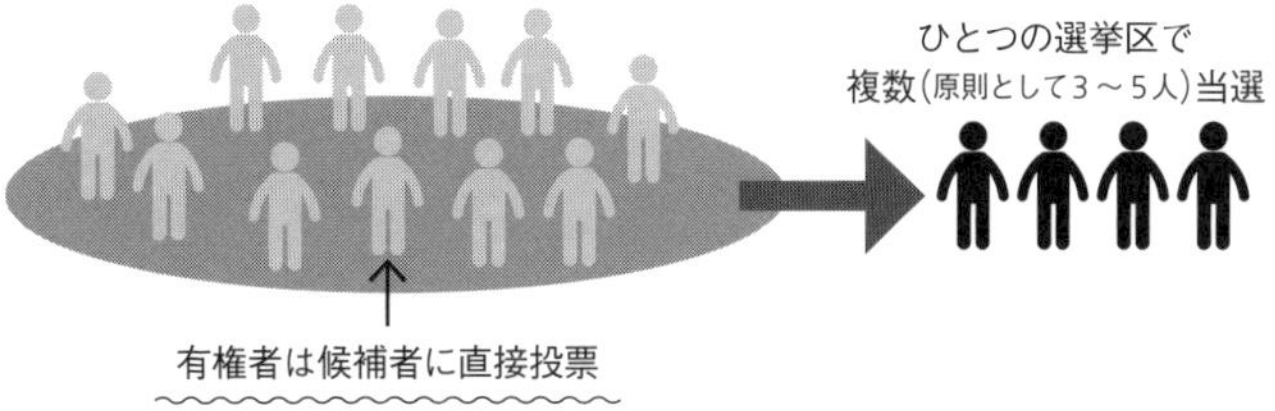

小選挙区制

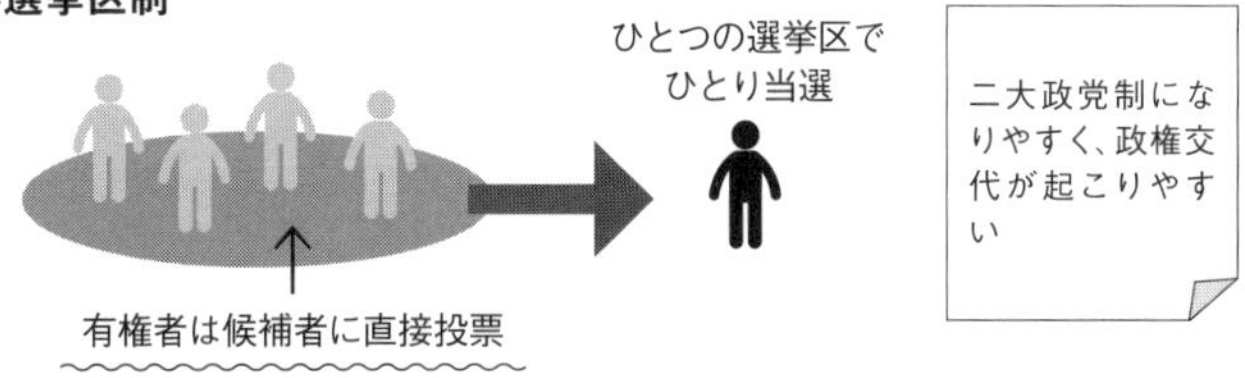

比例代表制

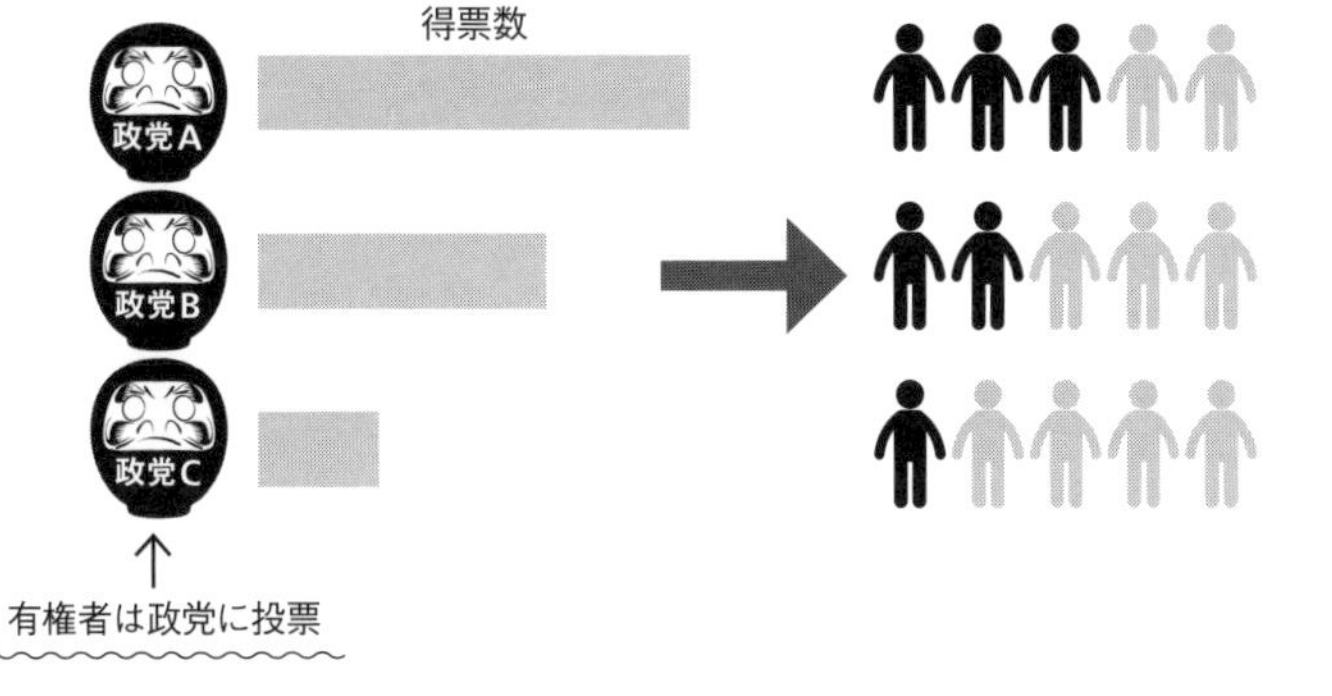
各党の得票数に比例して議席を配分

各選挙制の長所・短所

	候補者に直接投票ができる	小規模政党の生き残りやすさ	死票の出にくさ	国政選挙での導入状況
中選挙区制	○	△	△	日本(1928～93年まで)＊1
小選挙区制	○	×	×	イギリス、アメリカなど
比例代表制	×＊2	○	○	小選挙区制との組み合わせで ドイツ、韓国、日本など

＊1　1946年は別の制度がとられた
＊2　日本の参議院選挙では候補者の名前を書くこともできる

衆議院だけの一院制にしたらどうか」という提案をしました。日本側は、いや、やっぱり、衆議院を監視するために二院制が必要だと応じました。貴族院はやめるけど、その代わりに参議院にしますと言って、衆議院と参議院という二院制になったのです。衆議院議員の選出と同様、全員選挙で選ばれるようになりました。

イギリスの場合は今も貴族がいるよね。この貴族がまた面倒なんだけど（笑）、3種類あるのです。ひとつは「聖職貴族」。英国国教会の大主教とか、つまり教会の高位の人ですね。それから「世襲貴族」。代々親が貴族だから生まれた子どももその爵位を引き継ぐ貴族、という伝統的な貴族ですね。そして「一代貴族」。一代限りの貴族で、国王が貴族として任命した人です。

一代貴族の場合は、本人は貴族だけど、世襲はできない。本人が死んだら、それでおしまいというわけです。首相・閣僚・最高裁判事・上下両院の議長などの経験者が多いです。有名なところでは、サッチャーが首相を退いたのち一代貴族に任命され上院議員となりました。

現在（2019年10月31日）の上院議員の内訳は、聖職者が26人、世襲貴族が91人、そして、一代貴族が675人となっています。

Q 上院の人数の内訳を聞いてどんな感想を持ちますか？

――一代貴族の人数が多いのに驚きました。なぜそんなに多いのですか!?

上院議員は選挙がなく、任命制です。聖職者と世襲貴族には議員定数がありますが、一代貴族には定数がないのです。

「一代貴族法」が制定された1958年からこれまで、一代貴族に任命された人は1000人以上に上ります。歴代の首相が辞める時に、自分に協力してくれた人を一代貴族にしてあげますよ、なんていうことをすると増えるわけです。さらに、首相や重要閣僚、国会議長などが引退してから任命されるのでますます増えていきます。任命されると上院議員になる権利が与えられるのです。

かたちとしては任命委員会があり、それによる指名のもと、国王が任命するということになっていますが、国王はこれを拒否することはできません。

指名される人たちは高齢者が多いということもいえます。そのため亡くなる人も多く、大げさにいえば議員数は日々変化していて、現在は一代貴族議員が660人、ということです。

上院には任期もなく終身制です。かつては、世襲貴族議員が750人もいた時代もありましたが、1999年、労働党のブレア政権が上院の大改革をしました。「貴族院法」が制定され、世襲貴族議員の数は92人と大幅に制限されました。それ以降は世襲貴族の中で互選して議員を選び、国王が任命するかたちをとっています。

上院議員は報酬がありません。貴族なのだから自分のお金でどうぞというわけですね。ただ、議会に出席すると日当がもらえますし、遠方からの場合は旅費を請求することはできます。報酬がないという理由からではないでしょうが、実際には議会にあまり人はいません。名ばかり議員で実際には出てこない人も多い、というわけです。

――一代貴族になっても上院の議会に出席しないとか、報酬もないとか、やる気もメリットもあまりないように感じます。一代貴族になると、何か変わることはあるのですか？

一代貴族になれば、貴族の称号である「ロード（Lord）」を名前に付けて呼ばれます。日本では「卿」と訳されたりしますね。そう呼ばれることが大変な名誉なのです。もう、名誉だけです（笑）。

余談ですが、日本でも勲章をもらえるように一生懸命がんばる人がいます。たとえば、大企業の社長は社長でいる限り辞めても勲章はもらえませんが、経済団体の会長とか副会長とかになれば、日本経済に貢献したという理由で勲章がもらえます。会長はひとりだけど副会長はたくさんいます。大企業の社長に居座れば、経済団体の副会長になれる。だから、社長の座をなかなか譲らない、という「老害」も指摘されています。人間って、名誉が欲しいのです。そういう人たちがいっぱいいる。みんなちょっとビックリしているようだけど、そんなこと信じられないという気持ちをぜひ持ち続けてください（笑）。

イギリス議会と女王の関係

下院の議員は選挙で選ばれるので、上院と下院では下院が上院に優越します。法律に関して判断が分かれた場合は、下院の判断が優先されます。日本でも、衆議院と参議院だと、衆議院が優越されるでしょう。イギリスの議会にならった仕組みになっているのです。下院の議員は選挙で選ばれていますから、報酬があります。年収7万6011ポンド、日本円にすると988万円（1ポンド130円で換算）です。日本よりだいぶ安いですけどね。日本の国会議員の年収は衆議院議員、参議院議員ともに約2200万円です（歳費月額129万4000円と期末手当の合計額）。

――上院より下院に優越があるなら、貴族でも下院から立候補することはできますか？

貴族が下院から立候補することはできます。だけど、そもそも労働党や保守党が貴族を候補者と認めるかどうかわからないよね。少なくとも労働党は認めないでしょう、選挙で負けてしまうから。保守党の場合は認めるかもしれませんが、選挙で当選しなければならないわけだから、そこの見極めが必要になるでしょうね。

もともとイギリスは、絶対的な権力を持っていた国王から、議会が少しずつ権力を奪い取ってきた歴史があります。現在は、エリザベス女王が国家元首としてトップにいますが、政治的な権力は持っていません。

首相はどうやって選ばれるかというと、下院の選挙でいちばん多数を占めた政党のトップが選ばれます。エリザベス女王が首相に任命するという仕組みになっています。

イギリスでは、かつて国王と議会が厳しく対立していた歴史の名残が、ある儀式となって今も存在します。

イギリス議会の開会式には、エリザベス女王の開会スピーチがあります。女王はバッキンガム宮殿から馬車で議会に入り、王冠にガウンをまとった正装で、上院、つまり貴族院の議場で整列する上院議員の前で演説するのです。この時、首相をはじめとする下院の議員たちも上院の議場に入り、女王のスピーチを聞きます。下院議員たちは通常どおりの平服ですが、上院議員たちは、かつらに礼服。いったいいつの時代だろうと思わせるいでたちです（写真⑪）。

実はこの時、議会の代表ひとりが、女王と入れ違いにバッキンガム宮殿に入り、人質となるのです。なぜか？　イギリスは、国民から選ばれた議会がどんどん力を持って国王の権力を奪い取ってきた歴史があるわけでしょう。もし国王が議場に行ったら、議員たちによって国王が監禁されるかもしれない。だから、そうならないように国王の側でも人質を取っておこうというわけです。

今は時代が違うので、バッキンガム宮殿で「人質」になった議員は、お茶など振る舞われ、女王が無事戻ってくるまで、のんびりと過ごします（笑）。実質的な意味は失われても形式を大事にする。これがイギリスなのです。

ちなみに、日本でも国会が開かれる時には、天皇が参議院に行き開会のあいさつをしま

写真⑪―イギリス議会の開会式。貴族院の会議場に女王（写真中央）を迎え、スピーチを聞く｜写真提供：PPS通信社

す。衆議院でなく、参議院で行うのは貴族院だった名残なのですね。参議院議員のみならず、衆議院議員も参議院に行って話を聞きます。

有望な政治家を育てる方法

イギリスは階級社会なので、地域によって、労働者の選挙区と、いわゆるお金持ちが住んでいる選挙区がはっきり分かれています。必ず労働党が当選する選挙区と、必ず保守党が当選する選挙区があります。

でも、それだけではどちらも過半数になりません。選挙のたびに保守党が勝ったり、労働党が勝ったりする選挙区がある。そこで勝ったほうが政権をとるわけです。

イギリスの場合、それぞれの政党が、有望な人材を育てるシステムがあります。たとえば、先ほども出てきた労働党出身の首相だったトニー・ブレア、彼もそうやって育てられたひとりです。

Q イギリスの政党では有望な人材を育てるために、どんなことをすると思いますか？

——……?

労働党のブレアは、初出馬の際、必ず保守党が勝つ選挙区から立候補させられました。党の幹部はその戦いぶりを見てブレアの政治家としての資質を高く評価しました。最初から負けるとわかっていても善戦をすれば、こいつはできるという評価になって、次の選挙の時には、労働党が強い選挙区から立候補させるのです。

勝てる選挙区から出るのだから、もう地元で選挙運動をしなくていいよ、政策の勉強をしなさいと促すのです。選挙運動を一生懸命やっていたら、政策の勉強をする時間がない。必ず当選する選挙区に置くから、政治の勉強をしなさい、というやり方で将来のリーダーを育てるのです。

日本の場合、こうなってないでしょう。みんな一律に、一生懸命選挙運動をするわけだよね。金曜日の夜には選挙区に戻って、土曜日、日曜日は選挙区をぐるぐる回って、結婚式や葬式に出る。特に男性の場合はネクタイだけ代えればいいからね。

上下黒で白いワイシャツ、結婚式で白いネクタイをし、終わったらすぐ黒いネクタイに代えて葬式に出るみたいなことをやっているでしょう。政策の勉強なんか、なかなかできないわけだよね。

イギリスの場合は、見込んだ人物が、最初に負け戦《いくさ》になっても、負けっぷりを見る。そして、全然駄目だったら「ああこいつは駄目だ」でおしまいだし、「こいつはすごいぞ」となると、政策の勉強をさせる。政党が、将来有望な政治家に試練を与えながら、時間をかけて育てるのです。

労働党は大きな政府、保守党は小さな政府を目指す

イギリスで最初に二大政党制が生まれ、政権交代しながら現在まで続いてきた背景には、階級社会があります。階級の対立がふたつの政党にそのまま反映されました。

つまり、中間層以上の裕福な層は保守党、労働者を中心とする貧困層は労働党を支持してきたのです。政策面からいえば、労働党は「大きな政府」、保守党は「小さな政府」と考えていいでしょう。

Qでは、「大きな政府」「小さな政府」とはどんな意味でしょう?

——福祉が進んでいるスウェーデンなどの国が「大きな政府」と聞いたことがあります。

そうですね、スウェーデンなど社会福祉が充実している北欧諸国は「大きな政府」です。「大きな政府」は、社会福祉を充実させ、貧富の差の解消を積極的に行う政府のことです。

高福祉を目指せば、政府の財政負担が増えるので、税金は重くなります。たとえ税金が重くなっても社会福祉を充実させるべきと考えるのが「大きな政府」です。スウェーデンやデンマークの社会福祉は手厚いですが、消費税（付加価値税）は現在25％と高率です。社会保障手当が厚いと安心して暮らせるのはメリットですが、財政負担が増えて赤字になったり、支払う税金が増えて結局低所得者に不利になったり、富裕層にとっては見返りが少ないというデメリットがあります。

反対に、政府の支出は最小限にとどめ、個人の責任に多くを委ねるべきと考えるのが「小さな政府」です。民間に自由に競争させることで経済を発展させる考え方です。税金が安くなることや、国の財政負担が軽くなること、規制緩和などで企業が成長しやすいなどのメリットがありますが、社会福祉が切り捨て気味になり、富裕層と貧困層の格差拡大などのデメリットもあります。現在は保守党政権ですから「小さな政府」のほうですね。

日本もアベノミクスで規制緩和を推進する点においては「小さな政府」の方向性を示しています。どちらがいい、とは一概に言えません。どちらにも利点と欠点があります。イギリスは第二次世界大戦後、「大きい政府」の労働党と「小さい政府」の保守党が交互に政権をとってきました。

今回のEU離脱問題で、若者と高齢者、豊かな地域と貧しい地域、グローバルと自国第一主義など、国民の間のさまざまな分断があらわになりました。なぜそうなったのか、戦後のイギリスの政党政治を振り返ってみましょう。

ゆりかごから墓場まで

第二次世界大戦が終結すると、労働党が政権をとりました。第二次世界大戦の最中は保守党のチャーチルが首相でした。イギリスの国民の判断はすごくはっきりしていて、戦争指導者としてのチャーチルは評価していましたが、戦争が終わった途端、選挙で保守党は負け、チャーチルはお払い箱になってしまいます。

政権についた労働党のクレメント・アトリー首相は「大きな政府」を実践します。戦後、労働党が掲げた有名なスローガンがあります。それが「ゆりかごから墓場まで」です。

Q「ゆりかごから墓場まで」とは、どんな意味でしょうか？

——人間の一生を表している、とか。

そうだね、ゆりかごから墓場まで、は人間の一生のこと。このスローガンは、赤ちゃんが生まれ、成長して大人になり、やがて死ぬまでの間、生涯にわたって広範な社会保障を充実させましょう、という意味です。

だから、子育てにさまざまな支援をする。さらに、医療費の無料化、雇用保険、公営住宅の建設などの福祉政策を次々と実現していきました。なかでも画期的だったのは１９４８年から実施され現在まで続いている国民保健サービス（ＮＨＳ　National Health Service）です。既存の医療機関を政府がひとつの組織に統合して、社会的地位や所得にかかわらず、誰でも原則無料で医療を受けられるシステムです。

第2章で、この国民保健サービスなどの手厚い社会保障制度が、ポーランドなど東欧からの移民たちをイギリスへ流入させる理由のひとつだったと説明しましたね。充実した社会保障制度は、戦後の労働党政権によって構築されたのです。

「ゆりかごから墓場まで」というスローガンは、私が君たちと同じ年くらいの頃、日本でもよく知られていました。世界各国の社会福祉政策の指針になっていたのです。戦後から１９７０年代の中頃まで、イギリスは福祉国家への道を突き進みました。

経済が停滞し「英国病」になった

労働党政権は、基幹産業の国有化も進めました。まず、イングランド銀行が国有化され、航空、石炭、鉄道、運河、電気、ガス、鉄鋼にまで及びます。

国有企業は国に保護されているので経営改善努力をしなくなります。社員たちは国家国務員になって生活が保障されます。人間とは弱いもので、生活を保障されると努力しなくなってしまうのです。労働生産性が落ちると、製品の質も劣化してしまう。イギリスの産業は国際競争力を失って、経済が停滞していきます。

一方で、労働党政権の支持基盤である労働組合の力は強くなります。要するに、サボっても解雇されないし、技術革新などで人がいらなくなっても解雇できないという状態が続きました。

たとえば、有名な例でいうと、イギリスの国鉄が蒸気機関車から電気機関車に変わった時、蒸気機関車で石炭を釜に入れていた人が必要なくなるわけでしょう。でも、クビを切っちゃいけない。雇用をずうっと守らなければいけない。その結果、電気機関車になっても、蒸気機関車の時代に石炭をくべていた人がそのまま電気機関車にただ乗っているという状態になりました。

経済が停滞すると賃金が上がらない。だけど手厚い社会福祉のために税金は高い。さらに1973年のオイルショックで、物価が上がり失業者が増加しました。深刻な状態に追い込まれたイギリスを評して「英国病」という言葉が生まれます。ほかのヨーロッパ諸国からは「ヨーロッパの病人」とも呼ばれました。

サッチャーの新自由主義

そんな危機的状況をひっくり返そうとしたのが、1979年の総選挙で勝利し首相となった保守党のサッチャーです。保守党はもともと「小さな政府」を目指す政党だったよね。サッチャー首相は、労働党政権のやり方を全部ひっくり返します。国有企業を次々に民営化していきます。そして、労働者に関わるさまざまな法律を変え、労働組合の弱体化を図ります。社会保障もどんどん切り詰めていきました。

たとえば当時、学校給食のミルクは国費でまかない、児童全員がミルクを飲めていました。サッチャーは教育科学大臣の時、目標の栄養摂取量に達していれば十分と考え、この制度を大幅に縮小しました。学校給食からミルクが消えたのです。「ミルク泥棒」と呼ばれましたけどね（笑）。

それから、第1章の冒頭で、「シティー」のウィンブルドン化の話をしましたが、サッチャー首相が国内の銀行を守っていたさまざまな規制を全部取り払ったのです。すると海外の金融機関がどんどん入ってきてイギリスの銀行が淘汰《とうた》されてしまい、結局、海外の銀行ばかりになってしまった、これがシティーのウィンブルドン化でしたね。イギリスの金融機関にとっては大打撃でしたが、その一方で「シティー」が金融市場としての発展を遂げることになったのも、また事実です。

政府のさまざまな規制をどんどん取り払って、民間の自由な活力に任せて成長を促そう。こういうやり方を「新自由主義」といいます。規制緩和、民営化、減税を軸とする「小さな政府」を目指すやり方です。

サッチャー首相が行った新自由主義に基づく一連の改革は「サッチャリズム」と呼ばれました。実はこれによって、イギリス経済は大きくよみがえり、英国病から脱出することができたのです。そのかわり、失業率が高くなりました。簡単に解雇されてしまうからというわけですね。また、外国の資本や人材がロンドンに集中する一方で、製造業の海外移転や移民の流入が進みました。

新自由主義の政策は、１９８０年代、アメリカのレーガン政権でも導入され、財政支出削減・減税・軍備増強などによる「強いアメリカ」の再生が提唱されました。
日本では、中曽根政権時代から新自由主義を導入しようということになり、橋本内閣、そして、小泉内閣に引き継がれていきました。電電公社（→NTT）、国鉄（→JR）、専売公社（→JT）、郵政公社（→日本郵便）の民営化までの一連の政策は、サッチャー首相の新自由主義がお手本だったのです。

Q サッチャー首相には代名詞のような呼び名がありました。知っていますか？

――「鉄の女」ですね！

正解です。サッチャー首相は、強い意志と政治姿勢から「鉄の女」と呼ばれていましたが、これは1976年に、ソ連の国防省機関紙が強硬な反共主義のサッチャーを「鉄の女」と非難して書いた記事に由来します。でも、サッチャーはこの呼び名を気に入っていたそうです。まだ野党の党首だった時代から、サッチャーのツワモノぶりは海外でも有名だったというわけですね。

2013年にサッチャーが亡くなった時、イギリス国内の反応がはっきりふたつに分かれました。イギリスの経済をよみがえらせた素晴らしい首相が亡くなったと悼む人がいる一方で、やっと魔女が死んだと、サッチャーが死んだことを喜ぶパーティーが開かれたりしました。サッチャー元首相の評価は今でも大きく分かれているのです。

自由民主党との連立内閣ができた

サッチャーが1990年に辞任したあと、サッチャー政権の閣僚だったジョン・メージャーが首相となりますが、1997年の総選挙で労働党が勝利して政権を奪還、ブレアが43歳の若さで首相の座に就きます。

労働党が1979年から18年間も政権をとれなかったのは、「大きな政府」の福祉国家路線に国民の支持がなくなっていたからでした。

ブレアは、従来の労働党のやり方とも、サッチャーの新自由主義とも異なる「第三の道」を目指すと宣言します。たとえば、失業者や貧しい人にただお金を渡すような援助ではなく、教育や就職について「機会の平等」を与えられる政策を実現しよう、というものです。ブレア政権以降、労働党は中道寄りの路線を強めます。

ブレア政権は、新自由主義の修正では支持を得ましたが、外交ではアメリカ追随の姿勢に批判が集まります。ブッシュ政権が2001年の9・11同時多発テロに対する報復として実行したアフガニスタン攻撃やイラク戦争に、イギリスは積極的に参加しました。イラク戦争後に、イラクには大量破壊兵器などなく、ブレア政権幹部はそれを知っていたという疑惑が生じ、国民の支持を失いました。ブレアは労働党党首の座を、政権で経済政策を担当したゴードン・ブラウンに譲り退陣します。

２０１０年の総選挙では、過半数を超えた政党がなく、保守党が自由民主党との連立政権を組むことで、労働党からの政権交代を成し遂げました。首相には保守党党首のキャメロンが就任します。

議会で、どの政党も議席の単独過半数を獲得していない状態を、英語で「ハング・パーラメント（hung parliament）」、宙ぶらりんの議会と言いますが、まさにその状態になったのです。そして連立政権を組んだ相手が自由民主党というわけですね。

自由民主党という政党名がここで初めて出てきましたね。日本にも同じ名前の政党があるわけですが（笑）、イギリスの自由民主党のこと、知っていますか？

――**知りません。いつできたのですか？**

自由民主党は、１９８８年に自由党と社会民主党が一緒になってできた党です。自由党という名前を覚えていますか？

――**19世紀までは、自由党と保守党が二大政党でした。**

よく覚えていましたね。自由党は19世紀中頃から20世紀初めにかけては、保守党とともに二大政党の一翼を担った政党でした。しかし、1922年の総選挙で労働党に野党第一党の地位を譲って以降衰退し、小政党へと転落していました。

一方、労働党の中でも左派と右派の対立があり、左派から党首が出ると、右派の閣僚経験者が離党して社会民主党を結成しました。

自由民主党は、自由党と社会民主党が合併して発足した党です。さきほど、単純小選挙区制度だとひとりだけが当選するから死票が多くなる、という話をしましたよね。自由党も社会民主党も得票率ほど議席が得られず、まず選挙協力から始まって合併したのです(自由党、社会民主党ともに合併反対派は残り、現在も党は存続している)。

市場主義経済を尊重するけれど社会福祉も重視する、という保守党と労働党の中間的な立場の政党です。また、死に票が多く出る小選挙区制では常に第三党として苦戦するので、比例代表制導入を党是としています。

2003年のイラク戦争の時には、いち早く反対を表明して支持を集め、2005年の総選挙では得票率22・7%を獲得、62議席を得る躍進を遂げました。この時は労働党のブレア政権でしたが、保守党も戦争参加に賛成していたので、第三党として存在感を示しました。

しかし、キャメロン政権では連立を組んだため、大学授業料無料化を公約にしながら選挙後に値上げに合意し、若者たちの支持を失います。次の総選挙では議席を大幅に減らしました。現在の政策や主張は労働党に近くなっています。

「イギリス・ファースト」の波

Q　キャメロン政権の時に、注目の投票が2度あったでしょう。もちろんわかるよね？

――スコットランド独立の賛否投票。

――あと、EU離脱の是非を問う国民投票です。

そうですね。キャメロン首相は、スコットランド独立投票では反対派が上回って胸をなでおろしましたが、EU離脱投票では離脱多数となり、責任をとって辞任しましたね。注目を集めたふたつの直接選挙では、二大政党以外の政党が世論をリードしました。スコットランド国民党（SNP）とイギリス独立党（UKIP）です。

スコットランド国民党のことは、第1章のスコットランド独立投票のところで出てきましたね。連合王国からの独立を提唱する地域政党です。独立を目指しているから民族主義の極右政党かと思いがちですが、そうではありません。
政治的には、社会保障の充実や教育費の公的負担、賃金の引き上げなど社会主義的な政策が多く、社会民主主義に分類されます。
２０１５年の総選挙で、スコットランド選挙区に割り振られた59議席の大半である56議席を得て大躍進を果たしました。２０１７年の総選挙では35議席を獲得、議席は減らしたものの保守党、労働党に次ぐ第3党になっています。ちなみに先ほど話した自由民主党は議席数ではスコットランド国民党に次いで4位です。

Qイギリス独立党は、第2章で出てきましたね。覚えていますか？

――ＥＵ離脱が目的の党。

――国民投票の前にフェイク情報を流しました。

そうでしたね。いつできた党かというと、１９９１年にマーストリヒト条約締結に反対して立ち上げた「反連邦主義同盟」が母体で、９３年に現在の党名に改名しました。長年、国政選挙では議席を獲得できなかったのですが、２００６年に党首となったファラージがＥＵからの脱退に加えて、移民流入の抑制、減税など保守党が出すような政策をアピールします。２０１５年の国政選挙では1議席を獲得します。

この頃、ＥＵ各国でも、反ＥＵ、自国第一主義を掲げる政党が勢力を広げていました。フランスの「国民戦線」（現在の「国民連合」）、イタリアの「五つ星運動」、オランダの「自由党（ＰＶＶ）」、ドイツの「ドイツのための選択肢」などです。

イギリス国内でも広がっていた「イギリス・ファースト」を期待する有権者に、二大政党は応えられませんでした。保守党内はＥＵ離脱強硬派と慎重派に分かれ、労働党は積極的に残留キャンペーンを行わず、有権者には曖昧にしか映りませんでした。

立場の定まらない二大政党に対し、受け皿となったのは、主張が明確なイギリス独立党（ＵＫＩＰ）だったのです。

党勢を強めて迎えた２０１６年のＥＵ離脱投票では離脱派が過半数を占め、党の目的は果たされましたが、直後にファラージ党首が辞任。急激に支持離れが起きて17年総選挙では得票率がわずか１・８％どまり、候補者全員が落選しました。

二大政党が揺らいでいる？

ＥＵ離脱の是非を問う国民投票の結果を受けて退任したキャメロン首相の後任に就いたのがメイです。２０１７年６月、メイ首相は下院の総選挙を行いました。下院の総選挙は

5年ごとに実施するのが決まりです。ただし、首相が議会で3分の2以上の賛成を得れば、解散権を行使して前倒しできます。

前回の選挙は2015年で、保守党が単独過半数を確保していました。次の総選挙は2020年の予定でしたが、メイ首相は総選挙を前倒ししたのです。

――なぜ、メイ首相は総選挙を前倒ししたのですか？

メイ首相は、前のキャメロン政権で内務大臣でしたが、首相になる過程で国民の信任である選挙を経験していません。保守党内にはEU離脱強硬派と慎重派のどちらもいて意見が割れている。党内をまとめる指導力を持つには、選挙で勝って国民の信任を得たことを示す必要があったのです。また、EUとの離脱交渉を有利に進めるためにも、自らの強い指導力を見せたかったわけですね。

EU離脱の大枠を決める期限が2019年3月だったので、メイ首相は逆算して、総選挙の時期を前倒しすることに決めたのです。

でも、保守党は過半数割れしてしまいました。メイ首相の思惑は外れてしまった。メイ首相の保守党は第一党を維持したものの単独過半数をとれず、民主統一党（DUP）の閣外協力を得ることを余儀なくされました。民主統一党というのは、北アイルランドの地域政党でイギリスへの帰属維持を強く主張しています。

――その時、「労働党が躍進」という新聞の見出しを見たような気がするのですが……、でも保守党に負けたんですよね？

労働党は前回の選挙より30議席増やしましたが、保守党に勝つには至りませんでした（保守党318、労働党262）。でも、得票率では拮抗しています（保守党42・4％、労働党40・0％）。

実は、事前の予想では保守党が圧勝するのでは、といわれていました。ところが、保守党はマニフェストに高齢者の在宅介護の自己負担額の見直しを掲げ、「認知症税」との反発を受けます。保守党はあわてて公約を修正しました。

一方、労働党は国民保健サービス（NHS）の拡充や大学の授業料の無料化をマニフェストに盛り込み、選挙戦が進むにつれ支持を広げていったのです。

選挙の結果、労働党のジェレミー・コービン党首の党内での指導力が強化され、メイ首相は求心力を失い、保守党内は四分五裂するという皮肉なことになってしまいました。

民主主義の先進国イギリス

Q 議会で、どの政党も単独過半数をとれない状態をなんといいました

か？

――ハング・パーラメント（宙ぶらりんの議会）です。

はい、そうですね。メイ首相の前倒し選挙で、議会は再び、ハング・パーラメントになったわけです。第二次世界大戦以後、イギリスは3回ハング・パーラメントがありました。1回めは1974年のことでしたが、2回めは先ほど話したキャメロン政権の時、そして3回めがメイ首相が仕掛けた今回の総選挙です。

近年2回続いているわけだよね。保守党と労働党が交互に政権を運営することによって、長期政権の腐敗を防ぐ――イギリス議会から生まれた二大政党制は現在も機能していますが、二大政党のどちらも支持できない、という有権者が増えています。党としての方針も変化して、保守党は中道右派、労働党も中道左派という穏健路線を取っており、はっきりとした方針の違いが見えづらい状況です。近年は政党が多様化し、二大政党に不満を持つ有権者の受け皿にもなってきました。

ＥＵ離脱問題では二大政党の内部でもそれぞれ意見が分かれ、政党同士の主張をぶつけ合う姿は見られませんでした。二大政党も内部で賛成派と反対派に「分断」されていたのです。

もともと貴族と庶民という階級社会の対立を政党に置き換えた二大政党制（図表⑰）は、

図表⑰―**イギリスの二大政党と歴代首相（第二次世界大戦後）**｜出典：イギリス政府HP

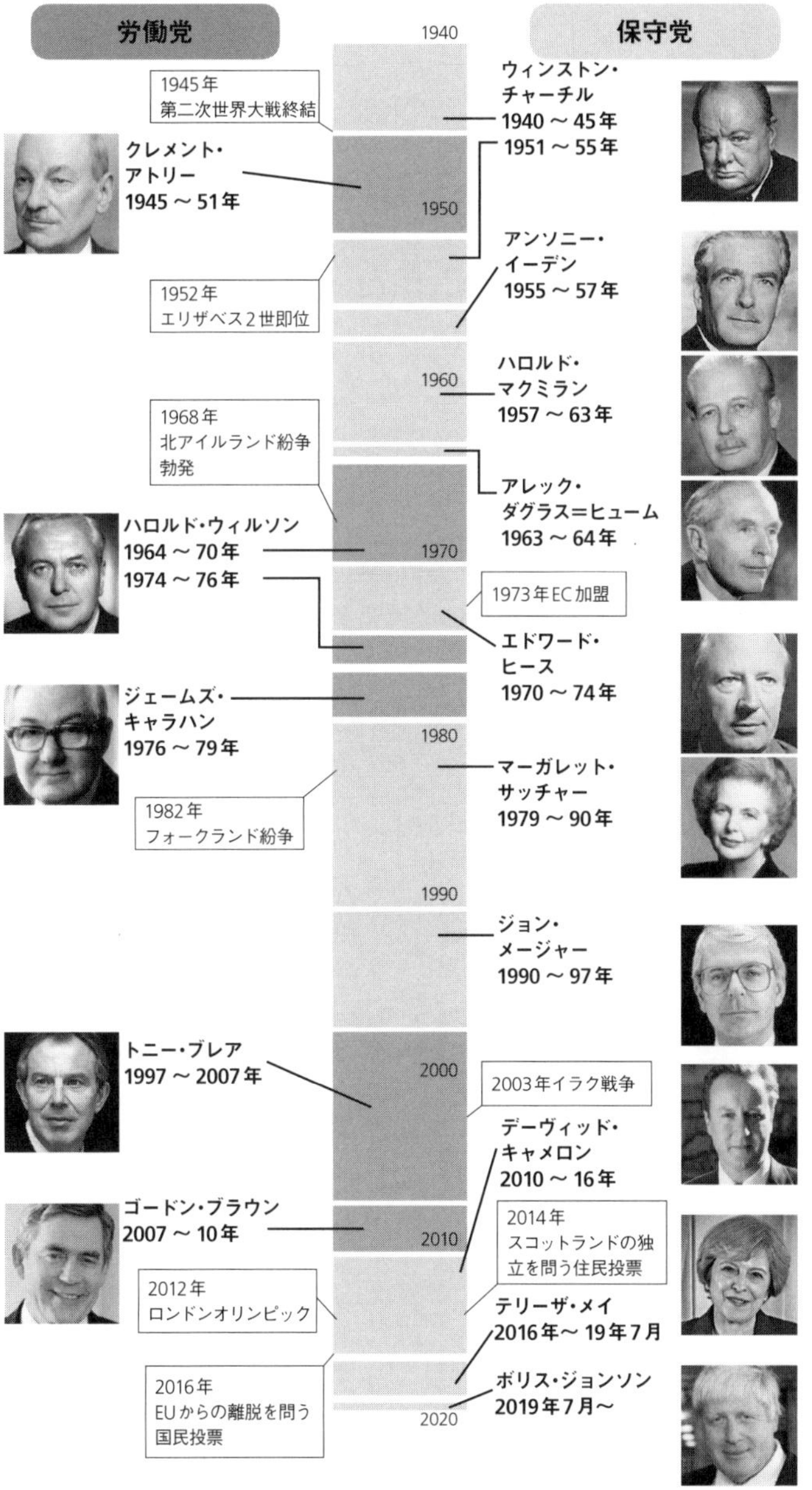
労働党
保守党
1940
1945年
第二次世界大戦終結
ウィンストン・
チャーチル
1940～45年
1951～55年
クレメント・
アトリー
1945～51年
1950
アンソニー・
イーデン
1955～57年
1952年
エリザベス2世即位
ハロルド・
マクミラン
1957～63年
1960
1968年
北アイルランド紛争
勃発
アレック・
ダグラス＝ヒューム
1963～64年
ハロルド・ウィルソン
1964～70年
1974～76年
1970
1973年EC加盟
エドワード・
ヒース
1970～74年
ジェームズ・
キャラハン
1976～79年
1980
マーガレット・
サッチャー
1979～90年
1982年
フォークランド紛争
1990
ジョン・
メージャー
1990～97年
トニー・ブレア
1997～2007年
2000
2003年イラク戦争
デーヴィッド・
キャメロン
2010～16年
ゴードン・ブラウン
2007～10年
2010
2014年
スコットランドの独
立を問う住民投票
2012年
ロンドンオリンピック
テリーザ・メイ
2016年～19年7月
2016年
EUからの離脱を問う
国民投票
ボリス・ジョンソン
2019年7月～
2020

今後どう推移していくのか、これからが注目です。

――メイ首相は国民投票で離脱に決まったから、総選挙をして失敗し、離脱交渉も難航して、新IRAのテロの可能性も高まり……と、厳しい結果を招きました。国民投票の結果を尊重するのは民主主義だから、というのはわかるのですが、そこまでして民主主義を守らなければいけない理由はなんなのでしょうか？

イギリスは民主主義の先進国でしょう。そもそも議会制民主主義とか、国王は君臨するけど統治せずという立憲君主制のような仕組みとか、二大政党制にしているとか、日本も含めて世界の国がモデルにしているわけだよね。

そういう意味でも、イギリスは民主主義を大事にしなければいけないという伝統があります。国民投票で決まったことだから、さらには、議会で離脱を決めたわけだから、必ず守らなければいけない、という強い思いがあるのです。

民主主義的に決めたことは、混乱があっても仕方がない。そもそも民主主義ってそういうものだよ、という考え方があるということなのです。

第5章

階級社会から見るイギリス

一般的な階級の分け方は三つ

イギリスはそもそも階級社会の国であり、議会や政党もそれぞれを代表するかたちになっているという話をしました。

イギリスにおける階級は、もともと王族や貴族など正式な爵位を持つ人たちの身分を示すものでした。それは11世紀に制度化された貴族のみを対象にした貴族制度で、一般の平民にはそのような制度はありません。たとえば、インドの「カースト制度」や北朝鮮の「成分」などの、特定の宗教の信者や国民全員を階級で分ける制度ではないのです。

ではなぜイギリスが、21世紀の今でも階級社会といわれるのかというと、貴族の影響が大きかった時代の社会をずっと引き継いできたからなのです。貴族との主従関係から上下の棲み分けができ、それが変化しながら広がっていった。階級の違いで、話す言葉も、読む新聞も、見るスポーツも違います。そういった慣習は長年、国民の中に浸透してきたものなので、なかなかなくなりません。言ってみれば、階級は人々の生活の中に生き続けているものということですね。

現代においては、身分の違いなどを問題にすることはありません。しかしその一方で、

図表⑱—**イギリスにおける伝統的な階級制**

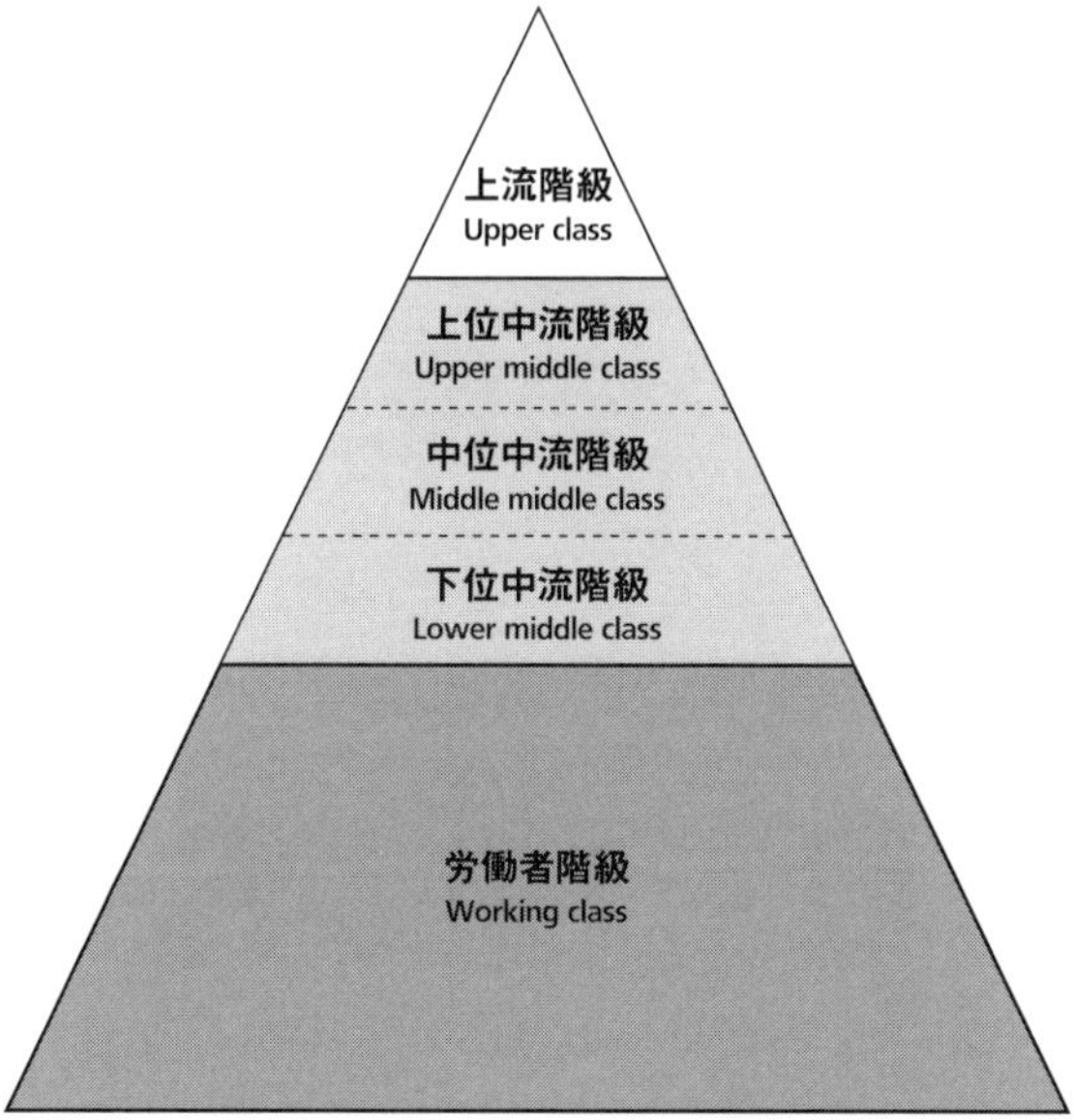

上流階級	• 仕事をしなくても生活できるだけの財産を所有している人たち。王族、貴族の家柄や大地主 • パブリックスクールと呼ばれるエリート私立学校からオックスフォードやケンブリッジといった名門大学へ進学 • 容認発音(クイーンズ・イングリッシュ)の英語を話す
上位中流階級	• 医師、弁護士、大企業の経営者、大学教授、建築家など • パブリックスクールや私立校から名門大学へ進学 • 容認発音の英語を話す人が多い
中位中流階級	• 中堅以上の個人事業主、キャリア官僚、農場経営者、教師など • 公立校、私立校から大学へ進学
下位中流階級	• 一般的なビジネスパーソン、小規模個人事業主、公務員、警察官など • 大学進学も
労働者階級	• 主に技術職や技能職に就いている人たち。配管工、電気工、農場労働者、土木・建築作業員、ドライバー、販売員、清掃業者など • 大学進学は稀で、専門的な職業について学ぶ • コックニー(ロンドン下町訛り)など独特の言い回しや方言を話す

上記の職業や進学状況は大まかな「傾向」を示したものであり、確固とした区分があるわけではない。

階級を意識することで、自分の居場所がわかって、むしろ生活しやすかったりもするのですね。イギリスの人たちにはそういった階級意識があり、それが根強く残っているので、今も階級社会といわれるのです。

19世紀以降の一般的な階級は、上流階級、中流階級、労働者階級の三つに分けられます。上流は貴族制度の名残、中流、労働者階級は、職業や収入、社会的地位などの違いによるものですが、その境界は曖昧です。（p157図表⑱）。

じゃあ、上流から見ていきましょうか。上流階級は、王族、貴族、大地主です。簡単に言えば、仕事をしなくても生活できる財産を持っている人たちですね。その財産は世襲によるものです。

大地主、というのは日本の地主とは意味合いが異なります。ジェントリ（gentry 郷《きょう》紳《しん》）と呼ばれる代々の大地主であると同時に、名士として尊敬を集める人たちです。でもジェントリには爵位はありません。ジェントリから思い出される英単語がありませんか？

ジェントルマン（gentleman）？

そうですね。教養があって地域貢献もしていて、社会的に認められている人たちです。そういう人を紳士的という意味で、一般にジェントルマンと呼んでいるわけですね。

上流と中流の境界線は、正式な爵位を持っているか、またはそれに準ずる特権的地位にあるか、といった身分です。資産や収入ではありません。先ほど、財産で生活できる人たちと言いましたが、お金がなく没落した人や一般の人と同じ職業に就いている人でも、世襲貴族ならずっと上流です。一方、いくら成功して巨万の富を築いたとしても、出身が中流以下なら上流には入りません。

中流階級という区分は18世紀後半、産業革命による資本家の増大で誕生したといわれています。いわゆるブルジョワジーですね。中流階級はその中でも三つに分けられますが、世代での移動も多いのです。また、個人で上下することもあります。

上位中流（アッパー・ミドル）は医師や弁護士などの専門職、大企業の経営者層、成功して名声を得た芸術家など。中位中流（ミドル・ミドル）は、課長・部長など役職につくビジネスパーソン、キャリアのある公務員、教師、農場経営者など。下位中流（ロウアー・ミドル）は、一般的なビジネスパーソンや公務員、小規模の個人事業主、警官など、というのが目安です。

労働者階級とされるのは、主に技術職や技能職といった直接現場で作業するような職業の人たち。そのほか飲食業や小売業、単純な事務職などに就いている人たちです。このクラスがいちばん多く、国民の半分、またはそれ以上ともいわれています。非正規雇用であったり生活保護を受けていたりする人もここに含まれます。

２０１９年、イギリスの民間調査会社が、「あなたは自分をどの階級だと考えていますか？」という調査を行いました。その結果は、イギリス人全体の１％が上流、40％が中流、49％が労働者階級、そして10％の人がわからないと答えています（図表⑲）。

こういった階級社会も時代によって変化してきています。今までお話しした職業などは第二次世界大戦後のものです。17世紀や19世紀とはまったく違いますし、最近では現代社会における新しい階級区分の試みもありました。

資料の「新しい7階級」（図表⑳）を見ると、労働者階級が多様化しています。これはどういうことなのですか？

今、これだけ産業構造がどんどん複雑化し

図表⑲—**「あなたは自分をどの階級だと考えていますか？」調査結果**

（単位：％）｜出典：YouGov

	上流階級	中流階級	労働者階級	わからない
イギリス全体	1	40	49	10
ロンドン	6	47	36	11
イングランド南部	2	48	42	8
イングランド中部とウェールズ	0	35	54	11
イングランド北部	0	32	58	10
スコットランド	1	35	53	11

図表⑳―**近年の調査によって提示された新しい7階級**

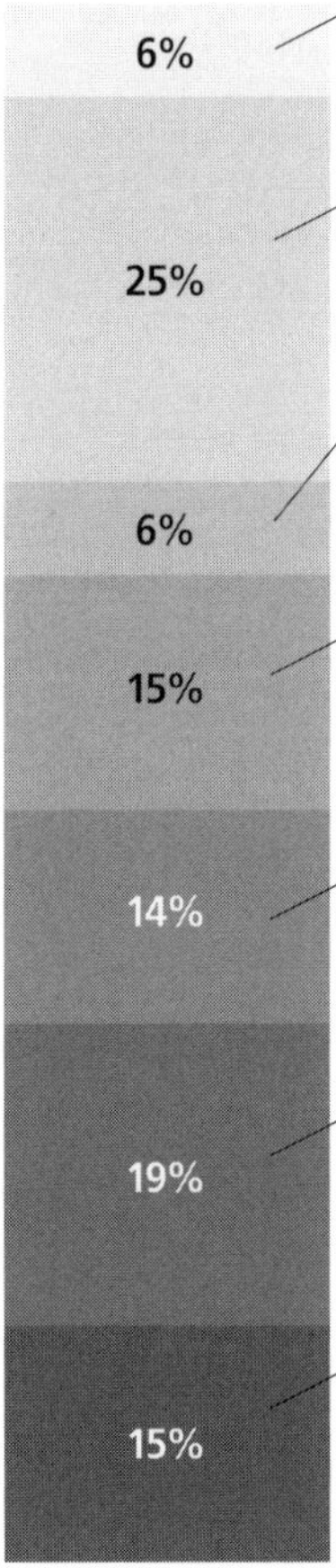

エリート Elite

経済面や社交面、文化面でハイレベル。
貴族など特権的なバックグラウンドを持つ

既存型 中流階級 Established middle class

管理職や伝統的な職業に就いていて、幅広い人々と交流がある。郊外に住んでいて、多様な文化活動を楽しんでいる

専門職系 中流階級 Technical middle class

研究職やサイエンステクノロジー系の職業に就いている。
ソーシャルメディアなどの新しい文化を好み、
社会的に自分と似たような人と交流する傾向にある

新富裕系 労働者階級 New affluent workers

比較的若い年齢層で、裕福ではないが経済的には安定している。多くはイギリス中部や北西部の製造業地帯に住んでいて、スポーツ観戦やライブに参加するのが好き

伝統的 労働者階級 Traditional working class

高齢者が多い。持ち家はあるが経済的にはやや不安定。新興の文化は好まず、社会的に自分と同じような人々と集いやすい

新興サービス産業 労働者階級 Emergent service workers

経済的に安定していない若い世代。ソーシャルメディアやスポーツへの参加など新興文化への関心が高い。幅広い人々と交流がある

非正規雇用者(非正規雇用 無産者)階級
Precariat or precarious proletariat

常に暮らしが不安定。多くは地方の古い工業地帯に住んでおり、その8割が借家。経済的に貧しいため、文化的な興味も薄い

＊この調査は、現代のイギリス社会では伝統的な3階級に当てはまらない人々が出てきたことから、数名の社会学者によって開発されたもの。イギリスの公共放送局BBCのウェブサイト上で2013年に実施された。経済面、社交面、文化面の3つのカテゴリーにおいてチェック項目を設定し、該当度合いによって自分がどの階級に属するのかを査定するもの。16万人が参加した

ている中で、伝統的な階級社会も次第に変化している、ということですね。上流の境界線だけは変わらないけれど、それ以外は流動的と言ったでしょう。

イギリスでも伝統的な階級区分が変わってきたよね、と考えた社会学者のグループが調査して提示したのが、この「新しい7階級」の区分です。労働者階級の中にも成功して裕福になる人とか、サービス業に就く人が増えているとか、生活も趣味も多様化した今の世の中の動きが反映されています。一概に労働者階級といっても、実にいろんなふうに分かれているので、EU離脱投票でも、みんな離脱に賛成とはならなかったわけです。

このデータは、あくまで特定の社会学者のグループが作成した階級区分ということで参考にしてください。

貴族の爵位には序列がある

――貴族にもランク付けはあるのですか？

爵位による序列があります。やっぱり、みんなランク付けが好きだよね（笑）。

いちばん上に国王がいるわけですけど、上から順に公爵（デュークDuke）、侯爵（マーキスMarquis）、伯爵（アールEarl）、子爵（ヴァイカウントViscount）、男爵（バロン

Baron)。爵位はこんなふうに分かれています。ちなみに一代貴族は全員、男爵です。

日本も明治以降、戦後に華族制度が廃止されるまで貴族がいましたよね。爵位はイギリスと同様の5種類で序列も同じです。余計な話だけど、男爵イモってあるでしょう。明治時代に川田《かわだ》龍吉《りょうきち》という男爵がイギリスから導入したので男爵イモという名前になったのです。

さらに、余談なのですが、リヒテンシュタイン公国という国を知っていますか?

――名前は聞いたことがありますけど……、よく知りません。

リヒテンシュタイン公国は、オーストリアとスイスの間にあるミニ国家なのですが、リヒテンシュタインの国王は、国王だけど侯爵なのです。どういうことか?

リヒテンシュタイン家は、ハプスブルク帝国の皇帝から侯爵の位をもらって、自分の領地に国をつくったからなのです。厳密にいうと、空いていた領地を自分で買い取って、そこを自分の国にしちゃったのです。リヒテンシュタイン家は、王様になったあともハプスブルク帝国の皇帝に仕えました。だから、位は皇帝から付与された貴族階級の侯爵、というわけです。本来はリヒテンシュタイン侯国なのでしょうが、日本政府は公国と表記しています。

ちなみに、リヒテンシュタイン公国に、以前、取材に行ったことがあって、リヒテンシュタイン公国の皇太子の取材をしました。その皇太子の弟の奥さんというのが広大なブドウ畑を持っていて、インタビューしたのですけど、すごいですね、貴族って。ヨーロッパの貴族というのは、見た瞬間、もう、まったくオーラが違うのね。ほかの人たちとまったく違う圧倒的なオーラを感じました（笑）。

美しい方でしたが、それよりは、なんともいえない上品さのほうが印象的でした。握手をしたら手がごつごつしていて、家事もしているということがわかりました。ちゃんと自分で車を運転していましたけど、ああ、これこそ本物の貴族かなと思いました。

――ヨーロッパのお城が売り出されるという記事を見たことがあります。貴族でも、落ちぶれたりするのですか？

貴族だからといって、みんなが豊かな生活をしているわけではありません。貴族だからあまり汗水たらすような仕事に就くわけにもいかないし、かなり生活に困窮している貴族も中にはいます。そういう人が、お城を売りに出したりするわけだよね。そういうケースも結構あるということですね。

ところで君たちは、ニュースなどで、「イギリスの叙勲でナイトの称号が与えられた」というのを聞いたことはありませんか？　ナイト（Knight 騎士）は大英帝国勲章の最高位の勲章です。元ビートルズのポール・マッカートニーやエルトン・ジョン、最近ではノーベル文学賞を受賞した日系イギリス人作家のカズオ・イシグロもナイトの称号を受けています。ただし、ナイトは準貴族で、貴族ではありません。

ナイトの敬称は、男性の場合は「サー（Sir）」、女性は「デイム（Dame）」です。イギリスではサー・ポール・マッカートニーと呼ばれるわけですね。ポール・マッカートニーは労働者階級の出身ですが、叙勲により労働者階級を抜け出しました。イギリスのジョークに「労働者階級を抜け出すにはミュージシャンかサッカー選手になることだ」というのがあります。世界的な有名人になってイギリスに貢献すれば、勲章がもらえて階級も上がるということです。サッカーのイングランド代表だったデヴィッド・ベッカムもナイトではありませんが、勲章をもらっています。

言葉を聞けば階級がわかる社会

イギリスは、階級によって住む場所も、言葉も、教育システムも、好むスポーツや趣味もはっきりと違いがある社会です。日本は職業や収入に違いがあっても、同じような言葉で話し、同じような新聞を読み、一緒に野球の勝敗の話をして、同じビールで乾杯する、という調子でしょう。昔は「一億総中流」という言い方もありました。

日本にいるとわかりづらいのですが、イギリスの階級社会とは実際にどんなものなのか、具体例を挙げながら説明していきましょう。まずは、言葉遣いです。言葉遣いで、この人は上流階級なのか、あるいは労働者階級なのかがわかります。

Q 労働者階級が話すロンドンの下町言葉をなんというか知っていますか?

――コックニー。

よく、知っていたね。どうしてわかったの?

――ベッカムの話す言葉がそうだと聞いたことがあります。

なるほど。コックニーの意味を知っていますか?

――あっ、それは知らないです。

コックニーのコックというのは雄鶏、まるで雄鶏が卵を産んだようなとんでもないしゃべり方だというので、コックニーと呼ばれます。しゃべり方で、あっ、この人は下町の労働者階級だな、ということがわかるわけですね。

階級社会の文化が色濃く残るイギリスを舞台に、言葉遣いをテーマに描いた映画が『マイ・フェア・レディ』です。『マイ・フェア・レディ』という映画を見たことのある人はいますか？　いないみたいだね。だったら見ることをお薦めします。

この映画は、コックニーをしゃべる花売り娘イライザが言語学者のヒギンズ教授の指導を受けることによって、上流階級の言葉をしゃべれるようになり、社交界にデビューするという話なのね。イライザはオードリー・ヘップバーンが演じています。

コックニーの花売り娘に上流階級の言葉を一生懸命教える有名なシーンがあります。発音を練習させる文章が“The rain in Spain stays mainly in the plain”（スペインでは雨は主に平野に降る）です。文章の意味は無視してください、スペインの平野にはむしろ雨は降らないのですが（笑）、発音練習用の文章ですから。

これをコックニーが発音するとどうなるか。「ゼ・ライン・イン・スパイン・スタイズ・マインリー・イン・ゼ・プライン」。これがコックニーの英語。「エイ」の発音を「アイ」と発音するのが特徴です。

――オーストラリアの英語の発音みたいですね。

そうです。オーストラリアの英語に近いと考えてもらえればいいのですが、たとえば、“G’day, mate?”が、オーストラリアだと「グダイ・マイト」になったり、“today”が「トゥダイ」になったりしますよね。初期のオーストラリア移民の多くがコックニーを話していた名残といわれています。

どんなに着飾った女性でも、「ゼ・ライン・イン・スパイン・スタイズ・マインリー・イン・ゼ・プライン」という発音で話せば、あっ、この人はもともとの出身が貧しいのだというふうに思われてしまう。きれいに発音すると、あっ、この人はちゃんとした教育を受けているのだなと思われる。そのくらい、言葉遣いによって階級がはっきりと分かれているというわけですね。

君たちは、相手の言葉が聞き取れなくて、「もう一度言ってください」と言う場合に英語でどう言いますか？

――「パードゥン（Pardon）？」

一般的に パードゥン？ と言うでしょう。イギリスの中流階級は パードゥン？ と言います。上流階級は ソーリー（Sorry）？ と言います。発音やアクセントだけでなく、言葉遣いが違う場合もあるというわけです。

――クイーンズ・イングリッシュというのは、上流階級の人だけが話すのですか？

いい質問ですね。20世紀初頭に、イギリス国内の標準的な英語を定めようという動きがありました。そして、イングランド南部の上流階級の発音を基準としたいわゆるクイーンズ・イングリッシュを規範にしました。ＲＰ（Received Pronunciation／容認発音）ともいいます。

公共放送のBBCではクイーンズ・イングリッシュ、つまりRPが使われています。一般に外国人が「イギリス英語」として学ぶのもRPです。

RPは上流階級の言葉遣いがもとになっているので、やや気取った印象をもたれることもあります。それで1980年代頃から広まったのが、河口域英語（Estuary English）と呼ばれる、RPとコックニーの中間の英語です。「河口」とは、テムズ川の河口のことで、ロンドンなどイングランド南東部を指します。中流階級や比較的裕福な労働者階級に、標準的な英語として受け入れられています。

とはいえ、現代では時代に合った生き方が好まれるため、時には階級を隠すことも必要になります。特に政治家などは、上流の気取った言葉遣いをしていると煙たがられてしまうので、臨機応変に立ち回らねばなりません。

第2章で私がロンドンで購入した新聞の見出しを紹介しましたが、イギリスでは、中流以上の知識階級と労働者階級で、読んでいる新聞も異なります。全国紙は、高級紙とかクオリティー・ペーパーとか呼ばれる一般紙と、タブロイド・ペーパーと呼ばれる大衆紙に分かれます。一般紙は日本の朝日新聞や読売新聞などと同じ大きさのもので、大衆紙は日刊ゲンダイや夕刊フジと同じタブロイド判です。日本の新聞と同様、右寄りか左寄りかなどの違いもあります。読む新聞でその人の階級や思想がわかるのです（p170図表㉑）。

図表㉑—**イギリスの新聞**

イギリスでは、中流以上の知識階級と労働者階級で、読んでいる新聞も異なる。全国紙には、高級紙とかクォリティー・ペーパーとか呼ばれる一般紙と、タブロイド・ペーパーと呼ばれる大衆紙がある

	新聞名	発刊年／主義／読者層	特徴
一般紙	The Daily Telegraph デイリーテレグラフ	1855年／保守／上流、中流	上流階級から中流階級の富裕層に読者が多く、一貫して保守党路線を貫く。読者層 は右寄りで、愛国心の強い人
一般紙	THE TIMES タイムズ	1785年／やや保守／上流、中流	以前は本当に地味なつくりの高級紙だったが、アメリカ企業に買収されてからやや下品に。派手な労働者階級寄りの新聞になってきている
一般紙	The Guardian ガーディアン	1821年／左寄りリベラル／中流	労働党支持路線を貫く新聞のため、保守党政権批判は辛辣。教育、環境、人権問題に力を入れていて、大学生に多く読まれている
一般紙	INDEPENDENT インディペンデント	1986年／中立リベラル／中流	1980年代、既存の新聞社の記者たちが独自の新聞をつくろうと集まってできた新聞。リベラル路線で環境保護などに力を入れている
一般紙	FINANCIAL TIMES フィナンシャルタイムズ	1888年／中立から右派／上流、中流	世界的にも有名なイギリスを代表する経済紙。親会社である日本経済新聞の記者が派遣され、英語でニュースを書く訓練を受けているという
大衆紙	THE Sun サン	1963年／中立から右派／労働者	イギリスの日刊紙として最大部数を誇っている。読者の興味を引く一面の大きなタイトルと写真で知られる
大衆紙	Daily Mail デイリーメール	1896年／右派／労働者	大衆紙には、芸能人の特ダネ、スポーツ、王室のスキャンダルなどの記事が並ぶ。信憑性は薄く、邪推した記事も多いが、娯楽として読まれている。女性のヌード写真が掲載されていて、中流以上の人が職場などに携えて読むことはない。メールとミラーは、日本でいうと夕刊フジと日刊ゲンダイと似たような関係。メールが右、ミラーが左。
大衆紙	DAILY Mirror デイリーミラー	1903年／左派／労働者	

本当の上流階級の家にはカーテンがない⁉

住まいの様子も階級で異なります。本当の上流階級は窓にカーテンをしません。なぜか？　道路に面したところの家に住んでいると、外から見られないようにカーテンを引きます。だから、低い階級の家にはカーテンがある。上流階級は道路からうんと離れた、ものすごい大邸宅に住んでいるので、外から見られることがない。だからカーテンをするという習慣がないわけ（笑）。

そもそも、イギリスでは上流になるほど田舎に住んでいる場合が多いのです。田舎に広大な土地を所有していて大きな屋敷に住んで、乗馬や狩猟、バードウォッチングなど自然に触れる趣味を持っています。

18世紀の産業革命によって工業化が急速に進み、労働者がロンドンやマンチェスターなどの都会に移り住むと、空気や川が汚染されて、富裕層は郊外へ住むようになりました。その結果、田舎に上流階級、郊外に中流階級、都市に労働者階級という棲み分けができた、という歴史があります。

現在では環境が改善され、公衆衛生状態もよくなり、中流以上の人たちも都心に住んでいますが、一般的にイギリス人はカントリーサイド（田舎）に憧れます。イングランド中央部にあるコッツウォルズや北西部の湖水地方は、美しいカントリーサイドとして日本人観光客にも人気がありますね。

さて、次はスポーツについて。イギリスのスポーツといえば、日本ではサッカーが有名ですが、サッカーは労働者階級のスポーツです。ボールひとつあればできますからね。

Qイギリスの上流や中流の人たちに人気のスポーツはなんでしょう？

――テニスとかゴルフ。

――乗馬だと思います。

テニス、ゴルフ、乗馬、すべて正解です。ラグビーもボールひとつでできて、サッカーに似ていますが、中流以上がするスポーツです。次に話しますが、パブリックスクールから始まったスポーツです。では、ほかにふたつ、イギリスでルールができて世界に広まった団体競技があります。わかるかな？

――クリケットですか？

はい、正解ですね。クリケットはバットとボールを使う野球に似たスポーツです。日本ではほとんど知られていませんね。でも、イギリスやインド、オーストラリア、南アフリカなど英連邦諸国ではとても人気があります。世界の競技人口はサッカーに次いで2位という調査もあります。特にインド、パキスタン、スリランカ、バングラデシュなどの南アジア諸国では圧倒的な人気で、プロのトップ選手の年収は30億円を超えています。もうひとつ、人気の団体競技があるけど、わからないかな。はい、誰もいない？　日本では競技する人がきわめて少ないからね。それは、ポロという競技です。

ポロも日本ではほとんど知られていませんが、イギリスでは王室のウィリアム王子やヘンリー王子もたしなみます。馬に乗ってスティックでボールを追う競技です。日本人には乗馬の習慣がないし、馬を走らせるくらい広い競技場がつくれないから、なじみがないのも仕方ないでしょう。イギリスから南米に伝わり、現在ではアルゼンチンがレベルも人気も世界一です。

私立学校なのにパブリックスクール

Q イギリスのエリートたちが通う学校をなんというか知っていますか？

——さっき出てきたパブリックスクールですか？

正解です。映画『ハリー・ポッター』シリーズで描かれる学校生活は、まさにパブリックスクールそのもの。ストーリーはファンタジーだけれど、パブリックスクールの雰囲気がよく伝わる作品でした。

不思議なのは、パブリックって「公の」という意味でしょう。日本的な感覚だと、パブリックスクール＝公立学校に思えるのですが、イギリスの場合はエリートのための私立の学校なのです。これはどういうことかというと、中世においては、貴族は学校に行かず、家庭教師を呼んで、家で教育を受けていました。それが、近世になると先ほど話したジェントリという爵位を持たない富裕層が台頭してきて、彼らの子どもたちのための学校が必要となります。パブリックスクールとは、身分や境遇にかかわらず「公（パブリック）に開かれた学校」として創設されましたが、実質的には上流階級のための学校でした。

現在では、スコットランドや北アイルランドも含めて全国に数多くあります。すべて私立の学校で、共学の学校が増えています。授業料が高いので、富裕層でないと子どもを入れることはできません。ちなみにイギリスでは公立学校のことは「ステートスクール」と呼ばれます。

「ザ・ナイン」と呼ばれる名門中の名門

パブリックスクールのなかでも、ウィンチェスター（1382年／設立年）、イートン（1440年）、セント・ポールズ（1509年）、シュルズベリー（1552年）、ウェストミンスター（1560年）、マーチャント・テイラーズ（1561年）、ラグビー（1567年）、ハーロウ（1572年）、チャーターハウス（1611年）の9校が「ザ・ナイン」と呼ばれる名門パブリックスクールです。

この中でみんなも知っていそうな学校というと、イートン校やラグビー校かな。ラグビー校というのは、ラグビーが生まれた学校として知られています。みんなは、サッカーをやっていたら、ラグビー校の生徒が途中でサッカーボールを手に持って走っちゃった。ここからラグビーが生まれたという話、聞いたことがありますか？

――**はい、あります。**

この話はよくできているんだけど、実はちょっと違うらしい（笑）。ラグビー校のOB会がこの出来事から約50年後に調査したところ、ラグビー校で「フットボール」という競技をしている時に、ボールを手で持つことは許されていたけど蹴って進めなければいけないルールだったのに、持って走ってしまった、というのが真相とわかったそうです。

少年がボールを持って走ったのは1823年とされていて、当時フットボール（原始フットボール）のルールは各地でばらばら、かなり違っていました。その後、フットボールは手を使う派と手を使わない派に分かれて7種類の競技になるのですが、サッカーもそのひとつです。つまり、サッカーというスポーツはまだなかったわけですね。ラグビーはラグビー校でルールが整備されていったので「ラグビー」（正式名称はラグビー・フットボール）と呼ばれるようになったそうです。

ラグビーの起源の余談でしたが、イートン校について少し話しましょう。現在も男子のみの全寮制で、英国一の名門校といわれている学校です。ロンドン市内の中心部から西へ電車で1時間ほど行ったところにあり、観光客も訪れます。

――昨年（2018年）、愛子さまが夏休みに留学された学校ですね？

よくニュースを見ていましたね。愛子さまはイートン校のサマースクールに参加されました。夏休みの間は生徒が帰省するので、一般の生徒のためのサマースクールを開くのです。その場合は男子だけでなく女子も参加できます。

イートン校は、チャールズ皇太子のふたりの息子、ウィリアム王子、ヘンリー王子の母校として知られています。15世紀にヘンリー6世が、王に知識や教養を与えられる従者を育てる「王のカレッジ（King's College）」としてつくった学校です。王がつくった学校というのが名門校である理由のひとつです。現在のボリス・ジョンソン首相もここの出身です。

現在は、13歳から18歳までの少年約1300人が寄宿舎生活を送っています。制服は黒の燕尾服にチョッキ、ピンストライプのズボンという古めかしいスタイルです。

――学費がとても高いとのことですが、いくらくらいなのですか？

日本円に換算すると、イートン校で年間500万円くらいです。5年制なので2500万円でしょう。ほかに制服代も10万円以上で……。富裕層でないと経済的に難しいですね。

イートン校創立当初に入学した70人の少年（王の学徒 King's Scholars）は優秀だけど貧しかったので、教育も寄宿舎も無料で提供されました。「王の学徒」の伝統は現在も「カレッジャー」制度として引き継がれていて、特に優秀な70名の生徒（各学年14名ずつ）は、奨学金を受けることができます。彼らは校内の中心部分にある「カレッジ」と呼ばれる寮に住んでいます。豪華な造りの「カレッジ・ホール」があり、通常の生徒たちが住む寮（ハウス）とは雰囲気が違うそうですよ。「カレッジャー」の生徒たちは、黒いガウンの着用が許されていて、ひと目でそれとわかります。

ほかにも、成績優秀で人格的にも優れた生徒が選ばれる「シックスフォーム選抜（6th Form Select）」や、成績にかかわらずスポーツ万能など魅力的な生徒が選ばれる「ポップ」と呼ばれるグループもあります。「ポップ」にはかつてウィリアム王子も所属していました。「監督生」の役割を担うシックスフォーム選抜の生徒は金ボタンのついたグレーのチョッキ、朝礼をとりまとめるポップは赤いチョッキの着用が許されています。

さらに寮の代表やスポーツチームのキャプテンなど、それぞれ特別な服装を許されるグループはいろいろあって、能力などによって生徒を分け、優秀者にはリーダーの役割を与え、服装などでわかるかたちにしている。こういう制度がイートン校にかぎらずパブリックスクール全体の特徴といえます。

優秀な生徒たちを競わせて、将来リーダーとして人の上に立つ経験をさせる。指導者としての自覚を促す。寄宿生活だから、要するに合宿だよね。合宿して徹底的なエリート教育をするわけです。

――パブリックスクールに行く生徒の割合はどれくらいですか？

イギリス全体では6・5％、イングランドで7％くらい。ごく少数ということですね。

オックスフォードとケンブリッジの学寮制とは？

パブリックスクールの卒業生は、オックスフォードやケンブリッジといった世界でも有数の名門大学に入学します。オックスフォード大学とケンブリッジ大学の仕組みは、日本の大学とはずいぶん異なります。

オックスフォードにもケンブリッジにも30を超えるカレッジ（学寮）があって、カレッジごとに選考が行われます。受験生は、まずどこかのカレッジに合格しなければいけません。

合格後、学生はカレッジで教官とともに寄宿生活を送ります。そこで教官による1～3人規模の指導を受けながら、大学の学科で行われる40～50人規模の専門授業に出る。学生はカレッジと学科の両方に所属することになります。そして学位は、学科での難しい試験をくぐり抜け、さらにカレッジがそれを認めなければ取得できません。これがオックスフォードやケンブリッジのシステムというわけですね。もう、徹底的に少数で学ぶわけだよね。マンツーマンでたたき込まれるのが、イギリスのオックスフォードやケンブリッジなのです。

オックスフォード大学は、11世紀末に講義が行われたという記録があり、12世紀初めから急速に発展したイギリス最古の大学です。しかし、13世紀の始めにオックスフォードの住民と大学との間で深刻な対立が起き、そのいざこざからケンブリッジに逃れた学者たちが創設したのがケンブリッジ大学です。ですから、オックスフォードとケンブリッジは特別な関係にあり、宿命のライバル校でもあります（地図④）。

世界の大学ランキングというのがあって、年によって多少上下しますけど、だいたいオ

地図④—**オックスフォード大学とケンブリッジ大学**

｜出典：オックスフォード大学HP、ケンブリッジ大学HPなど

ケンブリッジ大学
・**創設** 1209年
・**カレッジ数** 31*
・**学部・研究機関数** 約150
・**在籍学生数** 約1万9000人
うち海外からの留学生：120か国、約3700人
・**世界大学ランキング** 第2位**
・**特色** 自然科学の分野に秀でており、ノーベル賞受賞者の出身大学では世界一
・**ケンブリッジ大学で学んだ有名人**
クロムウェル（政治家）、ニュートン（物理学・天文学者）、ダーウィン（生物学者）、ケインズ（経済学者）、チャールズ皇太子など多数
オックスフォード大学
・**創設** 1167年
・**カレッジ数** 43*
・**学部・研究機関数** 約64
・**在籍学生数** 約2万4000人
うち海外からの留学生：150か国、約1万人
・**世界大学ランキング** 第1位**
・**特色** イギリス最古の大学。人文科学の分野で名高い
・**オックスフォード大学で学んだ有名人**
アダム・スミス（哲学・経済学者）、ルイス・キャロル（作家）、アウンサンスーチー（政治家）ほか多数、イギリス歴代首相28人の出身校
ロンドン

* 「ホール（hall）」と呼ばれる学寮も含む
** The Times Higher Education 2019

ックスフォード大学、ケンブリッジ大学の順で1位から4位以内に入るというような順位になっています。

そして、この2校は、そもそも上流階級が行っていたところですから、言葉に独特の気取ったアクセントがあります。オックスフォードやケンブリッジの学生風のしゃべり方、これをある程度揶揄《やゆ》して、「オックスブリッジ・アクセント」といいますね。

第3章で取り上げたスパイの話でいえば、MI6のスパイは多くがオックスブリッジをしゃべります。いわゆる上流階級がスパイになるというわけです。

さらにいうと、オックスフォード大学やケンブリッジ大学には、MI6のリクルート要員の教授がいます。この学生はほんとに優秀だと認められると、その教授が、イギリスの国家のために尽くしてみないかとリクルートをするのです。

ちなみに、アメリカのハーバード大学にもそういうCIAのリクルーターがいますからね。ハーバード大学で非常にいい成績をとると、教授から、アメリカ国家のために尽くしてみないかと声をかけられるというわけです。日本の大学ではありえないですけど、そういうスパイのリクルートのシステムもあるのです。

軍務を経験する王室

Q 君たちは「ノブレス・オブリージュ」という言葉を知っていますか？

――身分の高い人は恵まれない人たちを助けなければならない……みたいな意味じゃなかったかと思います。

そうですね。身分の高い者はそれに応じて果たさなければならない社会的責任と義務がある、という欧米では基本的な道徳観です。

パブリックスクールにおいては徹底的なエリート教育が行われると話しましたが、日本だとエリート教育っていうと、嫌なイメージがあるよね。イギリスのパブリックスクールのエリート教育では、ノブレス・オブリージュ、恵まれている者の責任というのを繰り返し教えられます。

たとえば、イートン校においてもラグビー校においても、君たちは本当に恵まれてエリートになっているのだから国のために尽くさなければいけない、人々のために尽くさなければいけないということを徹底的にたたき込むのです。

その結果、第一次世界大戦でも第二次世界大戦でも、パブリックスクールの卒業生の戦死者が多かったのです。イギリス軍隊は志願兵で構成されていますが、2度の世界大戦の際は、徴兵制になってみんな軍隊に入りました。すると、エリートは軍の将校になるわけだよね。で、軍の将校になると、真っ先に自分が戦場に突っ込んでいきました。

どこかの国の軍隊は、戦争中、エリートが後ろにいて部下たちを突っ込ませた。結果的に、幹部が生き残りましたが、イギリスにおいては、エリートが真っ先に戦場に行った。エリートたちは恵まれている分、社会的責任や義務を負っている。そのことをエリートたちは自覚しているのです。

イギリスの王室は必ず軍隊に入ります。率先して軍に入るわけです。チャールズ皇太子もウィリアム王子も軍にいました。

ヘンリー王子はかつてイギリス空軍の兵士としてアフガニスタンに派遣されていたことがあります。アフガニスタンって、戦死する人が多いわけだよね。そこに一兵卒として、ヘンリー王子は派遣されていました。

そのことは極秘にされていたのですが、イギリスの大衆紙がそれをすっぱ抜いてしまいました。アフガニスタンの反政府勢力タリバンにしてみれば、ヘンリー王子を殺せという標的になるでしょう。結果的に、ヘンリー王子が所属している部隊全体が危険にさらされるということになり、ヘンリー王子はイギリスに戻されました。

イギリスの王室はみんな軍に入って、率先して危険な場所に行く、そういう責任感を持っているということですね。今の日本で、皇族が自衛隊に入るなんて、ちょっと考えられないでしょう。でも明治以降の日本では大日本帝国憲法のもと、皇族が軍人だった時代もあるのです。イギリスをはじめとするヨーロッパの王室の慣例に倣《なら》ったのですね。

ダイアナ妃と上流階級への興味

王室の話題でいうと、ダイアナさんは今も大変人気があります。君たちはダイアナさんのことを知っていますか？

――はい、テレビ番組で見たことがあります。

チャールズ皇太子の最初の結婚相手がダイアナさんでした。ウィリアム王子とヘンリー王子のお母さんですね。ダイアナさんにどんな印象を持っていますか？

――よく知らないのですが、チャールズ皇太子と一緒に来日した時はものすごい人気で、テレビでずっと見ていたと母が言ってました（笑）。

とにかく美しくて日本でも非常に人気があったのですが、結局、チャールズ皇太子と離婚。アラブの大金持ちと付き合うようになり、パパラッチと呼ばれる報道カメラマンたちがダイアナさんの様子を撮ろうと、ひたすら追いかけ回します。パリでパパラッチから逃げようとして、交通事故となり亡くなってしまいました。もう20年以上前のことです。

ダイアナさんがイギリスの国民に今でも大変人気があるということは、イギリスの王室に対する庶民の関心が非常に高いことを示しています。

日本の皇室に関しても、ちょっとしたスキャンダルが週刊誌などに出たりするわけですが、イギリスの場合は、徹底的に王室のスキャンダルをかぎまわって、それを報道する人たちが大勢いるのです。皇太子や皇太子妃のバカンス中の水着姿とか、キスしている写真とかが大衆紙に掲載されてしまう。日本の感覚だと信じられないレベルの記事や写真が載っています。

人気者のダイアナさんは、まったくプライバシーがないような状態が続いていました。何しろ、結婚してからは嫉妬あり、不倫ありの恋愛ドラマを見るような人生でしたからね。大衆紙の格好の標的だったのです。

チャールズ皇太子は、今、カミラ夫人と再婚したわけですけど、もともとカミラ夫人と結婚ができなくて、やむなくダイアナさんと結婚をした。で、結婚はしたものの、カミラ夫人のことがずっと忘れられない。

ダイアナさんは、チャールズ皇太子の心が自分に向いていないことがわかるわけだよね。

その結果、一時は摂食障害になったり、チャールズ皇太子を見返そうとしてか別の男性と関係ができたり、その別の男性との会話を全部盗聴されていたりという、次から次に悲劇が起き、結局離婚をしてしまいます。この離婚は当時、王室人気に大きな打撃を与えました。

離婚後のダイアナさんは国際的な慈善活動に熱心に取り組みました。特に地雷除去問題ではアンゴラで地雷原を歩く姿をマスコミに撮影させ、地雷除去への国際的な関心を高めました。

また、自分のドレスのオークションを行い、売上金をエイズ患者や癌患者に寄付しています。皮肉なことですが、ダイアナさんは離婚して皇太子妃でなくなってからのほうが、ノブレス・オブリージュの体現者としてメディアに登場する機会が増えました。

今、チャールズ皇太子の子どもたち、ウィリアム王子とヘンリー王子のふたりが、なぜ人気があるのかというと、ダイアナさんの面影があるからですね。階級社会の中で、とりわけ上流階級の暮らしぶりというのは庶民にとっては、憧れというより、下世話な興味の対象になっているのです。ダイアナさんの死をめぐっては暗殺説まで飛び出しましたが、交通事故として捜査は決着しました。

エリザベス女王は、ダイアナさんの葬儀の時に、特別な声明を出したり、バッキンガム宮殿に半旗を掲げたりすることに反対しましたが、国民からの批判が高まったため、自らテレビカメラの前で特別声明を発し、バッキンガム宮殿に半旗も掲げました。

上流階級のトップに君臨する王室ですが、国民の反応には敏感なのです。

ロンドンの一等地は王室と貴族が占有

――前の授業（第3章）で、王室が多くの土地を所有していることを教わりました。貴族もそうなのでしょうか？


はい、今も名門として続いている貴族は多くの土地を所有しています。それでいえば、ロンドンの一等地の大部分は、王室か一部の貴族の土地です。中心部のリージェント・ストリートが王室の所有だと話したね。ハイド・パークも王室の土地です。

貴族で有名なのはウェストミンスター公爵のグロブナー家です。オーダーメイドの紳士服店が並ぶセヴィルロウがあるメイフェア地区、高級住宅地のベルグラビア地区を所有していて、資産は2兆円といわれています。すごいよね。ホテル経営もしているので、泊ったことのある人がいるかもしれませんね。

ほかに、チェルシー、ナイツブリッジ地区のガドガン伯爵、マリルボーン、ハーレー・

ストリート地区のウォールデン男爵、オックスフォード・ストリート地区のポートマン子爵がロンドンの大地主で、通りのプレートに名前が刻まれています。

なぜ、この名家の貴族たちは代々ロンドンの一等地を所有し続けることができるのか？

イギリスでは、王侯貴族が所有している土地や建物を、民間会社が一定の賃貸料を支払って「定期賃貸権」（リースホールド）を得て開発したり、貸し出したりします。この仕組みが王室や貴族にとって有利なのです。

具体的にいうと、地主がまず借用期間を決めて、建設業者などに一定の賃貸料と引き換えに土地を貸し出します。建設業者は自費負担で土地の開発を行ったり、建物の内装を変えたりして住居や店舗、オフィスとして貸し出します。賃貸期間が終われば、開発した物件などをそのまま地主に返す、というやり方です。日本の「定期借地権」の考え方と似ていますね。

この仕組みだと、地主は常に一定の賃貸料を得られるうえに、自分たちは金銭負担なしで敷地を開発してもらい、建物を建てたり改装したりしてもらえる。そのたびに土地は価値を上げていくことになります。ロンドンの一等地ともなれば、その価値は上がる一方です。

さらに、イギリスでは１９２５年まで長子相続制度が続いたため、広大な土地が分散しなかったという事情もあります。こうして、ロンドンの一等地の広大な土地が、名家の貴族に受け継がれてきたわけです。

「ふたつの世界」が存在するイギリス

――イギリスでは、階級によって差別が起きたりとかしないんですか？

イギリスの人たちは、そもそも階級があるものだって、みんな思っているのです。階級が違うからといって、まあ、差別もなくはないけど、それよりはまったく別世界だと考えているのです。

つまり、労働者階級にしてみれば、オックスフォードやケンブリッジに行くのはひと握りのエリートで、自分たちとはまったく無関係の人たちで別世界。逆に、パブリックスクールで学んでいるエリートにしてみれば、学校に行けない庶民というのは、そもそも自分の視野にない、まったくの別世界で暮らしている人たち。「ふたつの世界」が別々に存在しているのです。

かといって、上流階級は労働者階級の人たちを見下したりするわけではありません。労働者階級の人たちも、上流階級の人の前で卑屈な態度をとることはありません。階級社会であれば、もちろん、さまざまな格差があるのですが、そもそも別世界だからねと思っている人たちが多い、ということなのです。

現代では、上流階級を除けば階級の区分は変化しているし流動的です。労働者階級に生まれた子どもが有名大学に進学して高給取りになって、親の階級を超えていくこともあります。

上流階級に生まれて育てば、ノブレス・オブリージュを実践しなければいけない。戦死者が多かったという話をしましたね。戦時でない時は、ボランティア活動に参加して社会奉仕をします。上流階級に生まれるのも大変だなと、労働者階級の人たちが思うところもあるでしょう。

貧富や地域の格差はあるけれども階級はなく、誰もがゼロからスタートする日本と、階級意識があってひと握りのエリートを養成し、各界のリーダーにしていくイギリス。イギリスは日本と違うシステムの教育を行っている、教育システムには多様性があるのだ、ということを覚えていてください。

第6章
軍事大国としてのイギリス

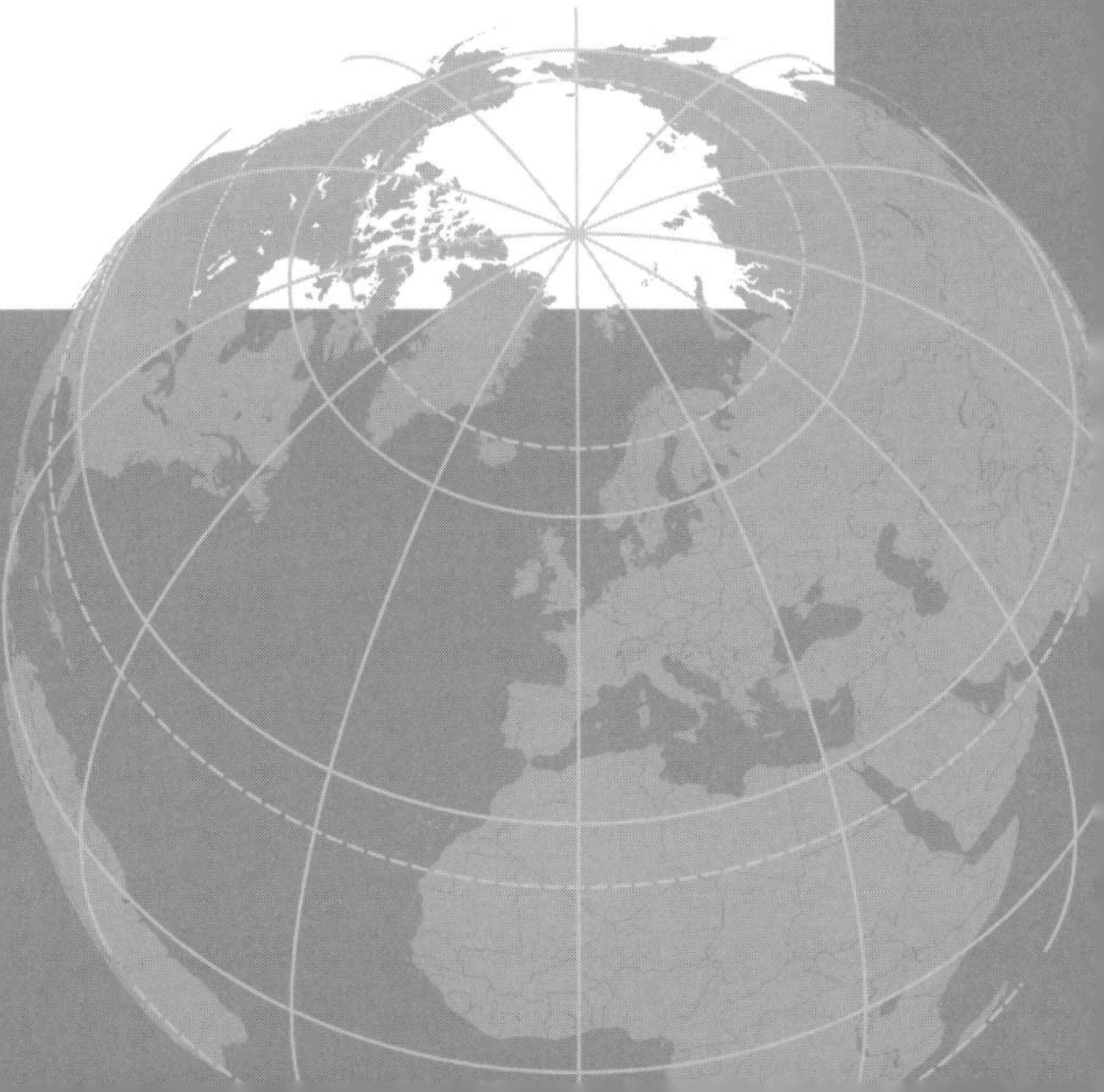

大英帝国に日の沈むことなし

Q 18世紀後半にイギリスから始まって世界へ広がり、人々の生活も大きく変えた出来事はなんでしょう?

——**「産業革命」です。**

そうですね。イギリスは、蒸気機関の発明と実用化を契機に経済が急速に発展して、世界一の経済大国になりました。そして、潤沢な資金と技術力を背景にして、植民地をどんどん獲得し、世界に名だたる大英帝国を築き上げたのです。最盛期の19世紀後半から20世紀の前半には、地球上の土地のほぼ4分の1を領土とし、そこには世界の人口の4分の1が暮らしていました(地図⑤)。

その当時、「大英帝国に日の沈むことなし」という言葉がありました。世界のさまざまな地域に領土があるため、イギリス本国で太陽が沈んでも、植民地のどこかで日が昇っている。イギリスは世界最大の強国で、世界はイギリスをはじめとしたヨーロッパ中心の見方で捉えられてきました。

そのことがよくわかるのが世界地図です。私は小学生の頃、世界地図を見ると日本は世

地図⑤—大英帝国の拡大

出典:Penguin Historical Atlas of the British Empire

1783年頃

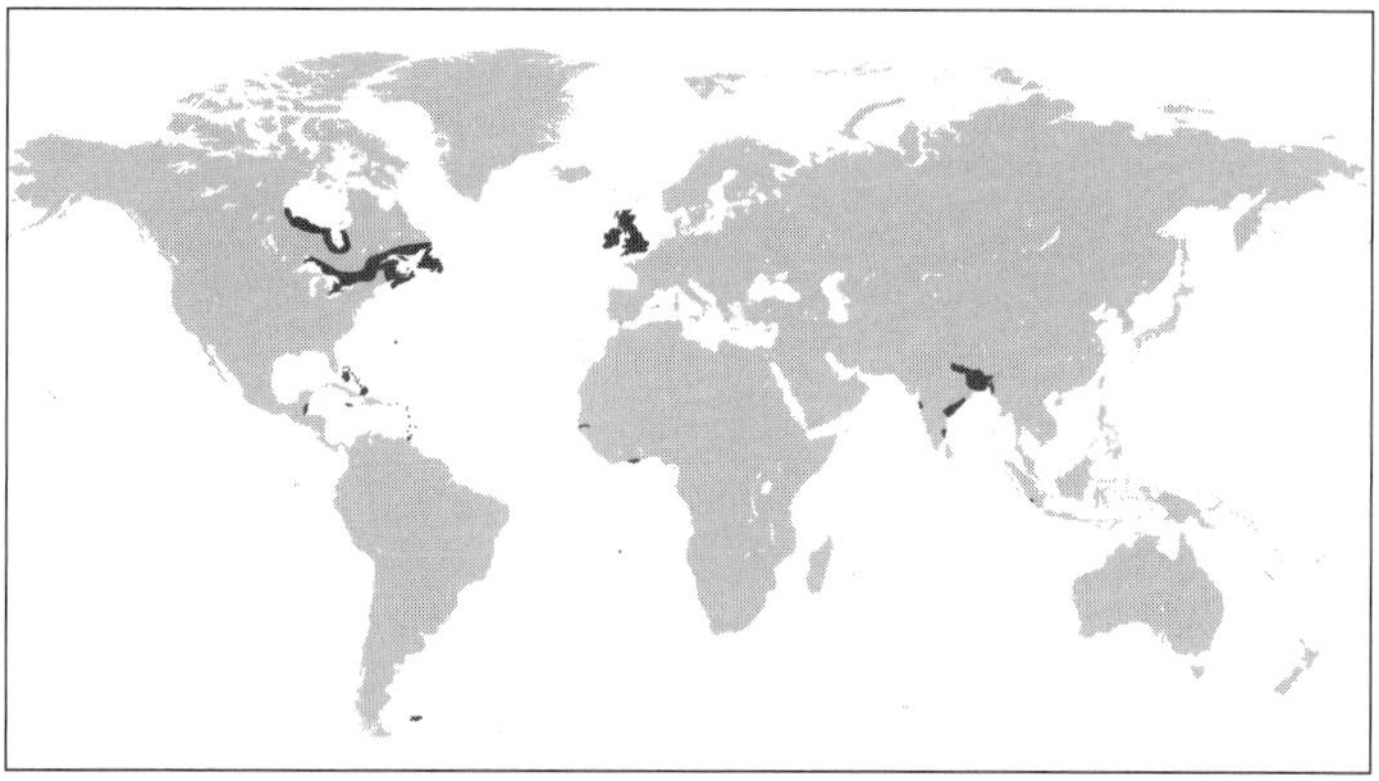

1920年頃

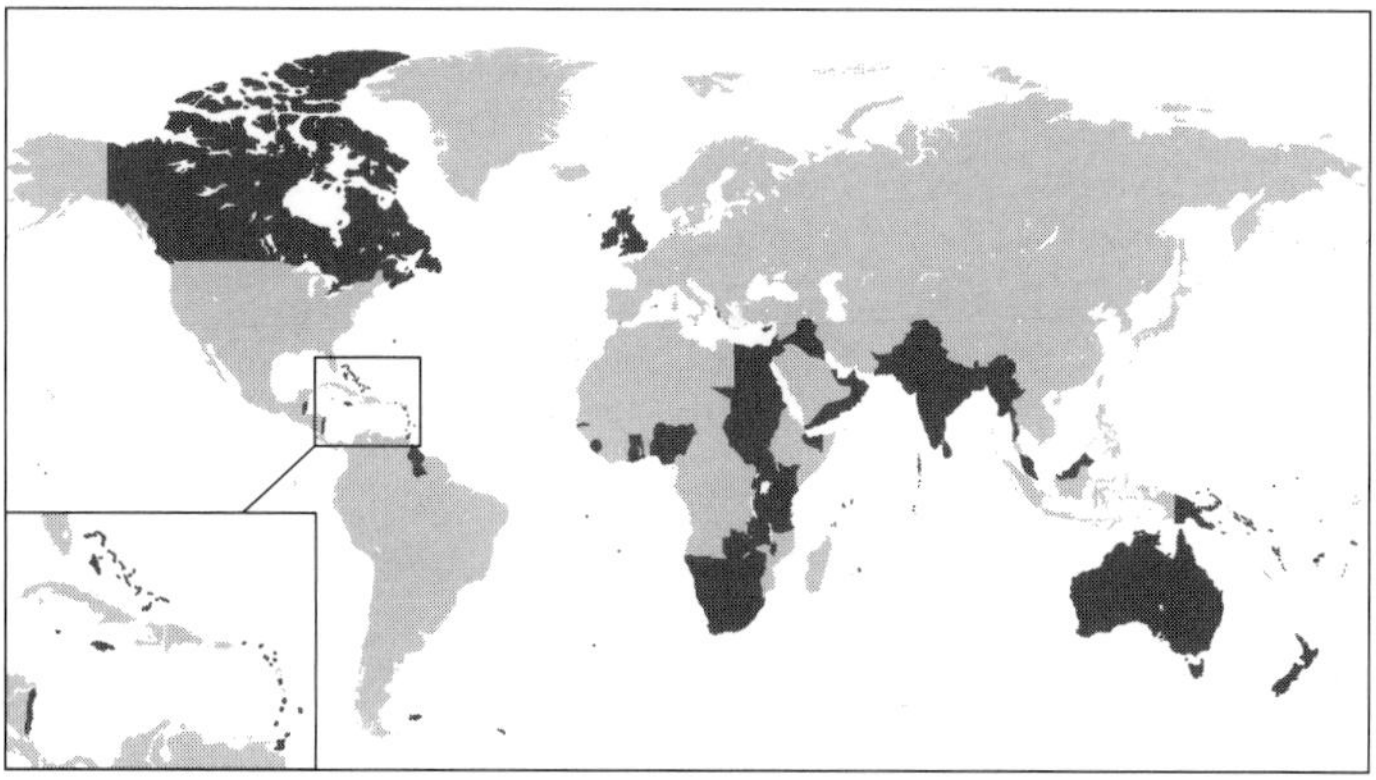

界の真ん中にあるのになぜ「極東」というのか疑問に思っていました。その疑問は、ヨーロッパで使われている世界地図を見ればわかります（地図⑥）。ヨーロッパを真ん中にして見ると極端に東にあるから「極東」、英語で言うと「Far East」と呼ばれるのです。これは世界の中心がヨーロッパだった時代の名残なのですね。

さて、イギリスから見て東はどのあたりを指すのか？　それはインドなのです。インドはかつてイギリスの植民地だったでしょう。インド、パキスタン、バングラデシュ、スリランカ、このあたりの地域はすべてイギリス領インドでした。だから、イギリス人にとって東とはインドのイメージなのです。なお、「極東」に対しては「近東（Near East）」と

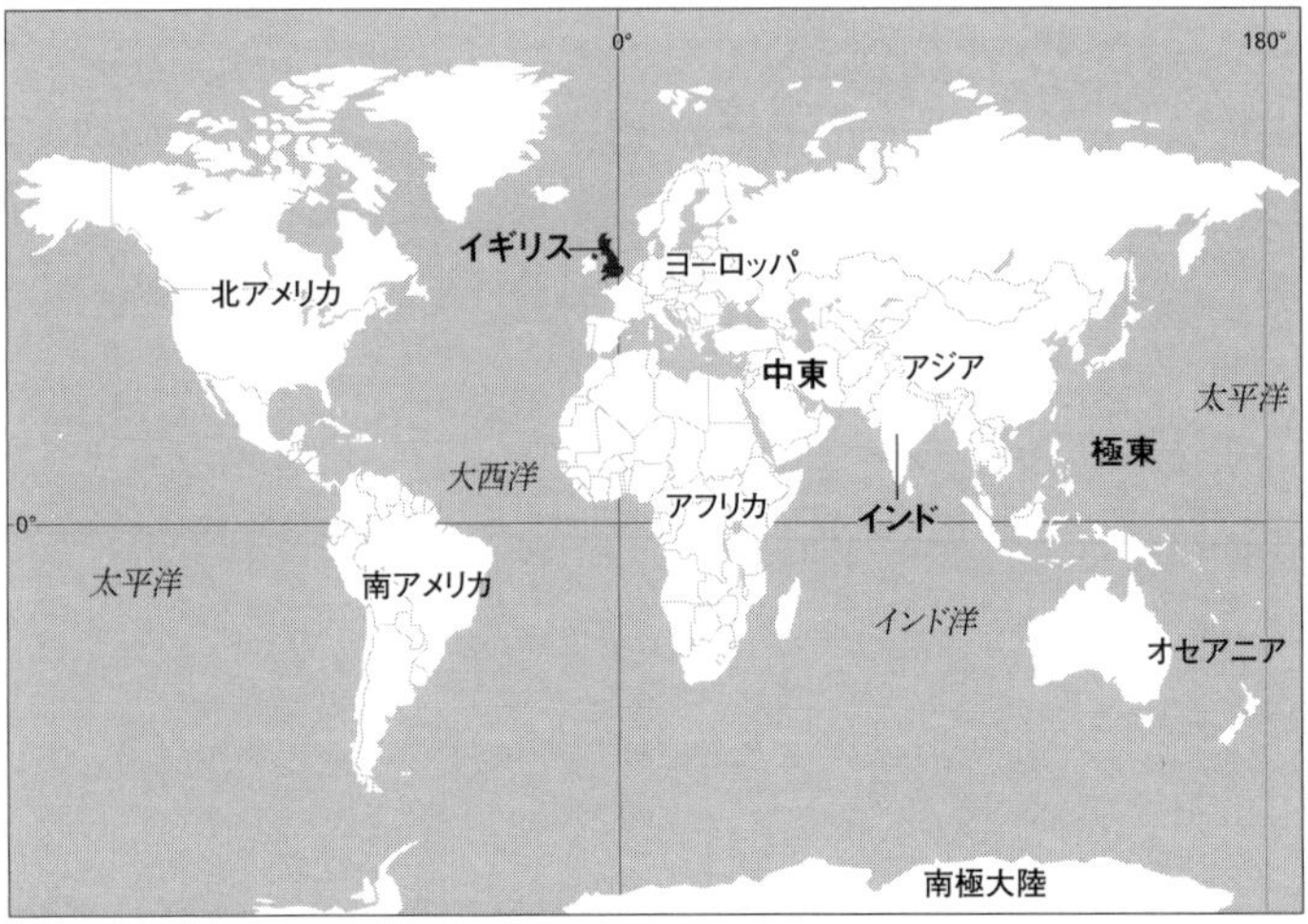

地図⑥―ヨーロッパを中心とした世界地図。この地図では日本は東の果てになる。

呼ぶ地域がありました。現在は「中東（Middle East）」と呼ばれています（対象となる地域にはズレがあります）。

大英帝国の勢力図は、オリンピックの開会式を見てもわかります。世界中の国々が国旗を掲げて入場行進しますよね。よく見るとイギリスの旗が組み込まれた国旗があちこちにあることに気づくでしょう。たとえば、オーストラリアやニュージーランドは、左上にイギリスの国旗が入っています。

イギリスは世界中に植民地を持っていました。実は、植民地をどのように統治するかというのは、国によってずいぶん違いがあります。イギリスは、本国から人材を派遣して統治するのではなく、植民地で優秀な人材を育てようと考えました。それぞれの植民地に高等教育機関、つまり大学をつくり、卒業生をエリート官僚として育て、植民地経営にあたらせたのです。

だから、イギリスの植民地だったところには、伝統のある大学があります。たとえばイラクのバグダッド大学、ケニアのナイロビ大学がそうですね。アジアだと現在のシンガポール国立大学もそうです。結果的に、イギリスから独立した国々には自国に大学があって、人材を養成することができました。

一方、フランスは植民地に大学をつくりませんでした。植民地の優秀な人材をフランスに連れてきて、フランスの大学で教育を行い、フランス人のようにしてから植民地に戻すというやり方をとったのです。ベトナム、カンボジア、ラオスなどインドシナや、アフリカのアルジェリア、チュニジア、マリなどは自国に大学がなかったので、独立後に人材を育てるのに苦労しました。

ちなみに、私は以前にアフリカのモザンビークへ行ったことがあるのですが、モザンビークはポルトガルの植民地でした。ポルトガルは、植民地からさまざまな物資を収奪していくだけで、何もしませんでした。その国の人材を育てようなどとは思わなかったのです。ポルトガルが手を引いてモザンビークは独立しましたが、現在も大変な苦労をしている状態です。

現地の人に聞いたら、「もちろん植民地にはなりたくない。でも、どうせ植民地になるのなら、イギリスの植民地になっていればよかった。そうすれば、モザンビークに大学をつくってくれただろうし、英語がしゃべれれば世界中で役に立つ。ポルトガル語が話せたところで汎用性がない」と不満を言っていました。

かつて、どの国にどのような植民地統治をされたかで、その後の運命がずいぶん変わってしまった、ということです。

もうひとつ、イギリスの植民地統治の特徴をあげておきましょう。イギリスはインドを植民地にしたでしょう。インドで信仰されている宗教は、ヒンドゥー教が人口の約80％、イスラム教が約14％で、ほぼこのふたつの宗教が信仰されてきました。

そのほかの宗教の信者はごく少数なのですが、そのなかにシーク教（シク教とも）というヒンドゥー教とイスラム教の中間の宗教があります。信者の比率はインドの人口の約2％足らずなのですが、シーク教徒は教育熱心だったので、イギリスはシーク教徒を優遇しました。シーク教徒に教育をし、官僚にして、大多数のヒンドゥー教徒やイスラム教徒を統治させます。そして、イギリス人がシンガポールに進出していく時には、シーク教徒を連れていきました。おのずとシーク教徒がインド人として各国の人の目に触れることになりました。

みなさんはインド人というと、ターバンを巻いている姿をイメージしませんか？　もともとインドには権威の象徴としてターバンを巻く風習がありましたが、長い年月の間に廃れていきました。今も巻いているのは年配の人くらいです。若い人で巻いているのはシーク教徒です。シーク教では、男性の場合、髪の毛を家族以外に見せてはいけない、そして髪の毛を切ってはいけないため、長い髪をターバンで巻いています。

英連邦としてのイギリス

第二次世界大戦後、イギリスの植民地だった国々は次々と独立し、大英帝国は終焉《しゅうえん》を迎えます。しかし、イギリスと植民地だった国々との関係がぷっつりと切れてしまったわけではありません。現在も英連邦、あるいはイギリス連邦ともいいますが、イギリスと植民地だった国々が加盟する集まりがあります。

Q 英連邦が、どんなことをしている集まりか知っていますか？

――経済とかで協力し合う……？

そうですね。イギリスからは独立したけれど、イギリスとの関係を維持していけば、いろいろな経済的メリットがある、という国々の集まりです。英語の正式名称はコモンウェルス（Commonwealth）で、現在53か国で構成されています。１９３１年にできたのですが、その後数回にわたって趣旨が変わり、現在では、すべての国が対等の立場で構成されている緩やかな国家連合体です。

Q 英連邦の国々の中で、現在もエリザベス女王を元首としている国があります。どこでしょう？

――……？？

ヒントは、大統領がいなくて首相がいる国です。首相しかいない国は、大統領の代わりに国王や女王が存在します。イギリスと同じように首相しかいない国というと、どこかな？

――カナダ！

――**オーストラリアとニュージーランド。**

正解ですね。でも、その3か国だけではありません。エリザベス女王を元首としている国は現在16か国あります。英連邦に属していて、かつイギリス国王を国家元首とする16か国の連合体は英連邦王国といいます。英連邦王国と英連邦は名称が似ているので混同しちゃうよね。英連邦王国はすべて英連邦に加盟していますが、英連邦＝英連邦王国ではない、ということです（p200図表㉒）。

エリザベス女王は16の英連邦王国の国家元首ですが、女王が各国にいるわけにはいきませんから、女王が任命する総督が女王の代理を務めます。総督は各国内の序列の上では女王に次ぐ地位ですが、どの国でも君臨すれども統治せずの原則が貫かれ、女王と総督に政治的な力はありません。かつてはイギリス本国から総督が派遣されていましたが、それも次第に形骸化しました。現在では、それぞれの国の人が就く名誉職となっています。

——日本にも首相しかいません。日本の元首は誰になるのでしょうか？

そうだよね、日本にも首相しか存在しないよね。実は、イギリスの女王のような存在が、日本では天皇なのです。ただし、イギリス女王は国家元首ですが、日本の天皇は、国家元首であるという明文規定がありません。「天皇は国家元首ではない」と主張する人たちもいるのです。

しかし、海外からは、天皇は「日本の国家元首」という扱いを受けています。たとえば大使の信任状の捧呈《ほうてい》です。自国の国家元首か

図表㉒—**英連邦加盟国と英連邦王国の国々**

アジア（7か国）	アフリカ（19か国）	北米・中南米（13か国）	ヨーロッパ（3か国）	太平洋・オセアニア（11か国）
インド	ウガンダ	アンティグア・バーブーダ	イギリス	オーストラリア
シンガポール	エスワティニ	ガイアナ	キプロス	キリバス
スリランカ	ガーナ	カナダ	マルタ	サモア
パキスタン	カメルーン	グレナダ		ソロモン諸島
バングラデシュ	ガンビア	ジャマイカ		ツバル
ブルネイ	ケニア	セントクリストファー・ネービス		トンガ
マレーシア	ザンビア	セントビンセント及びグレナディーン諸島		ナウル
	シエラレオネ	セントルシア		ニュージーランド
	セーシェル	ドミニカ国		バヌアツ
	タンザニア	トリニダード・トバゴ		パプアニューギニア
	ナイジェリア	バハマ		フィジー
	ナミビア	バルバドス		
	ボツワナ	ベリーズ		
	マラウイ			
	南アフリカ			
	モザンビーク			
	モーリシャス			
	ルワンダ			
	レソト			

英連邦加盟国は全部で53か国

（網掛け）は、エリザベス女王を君主とする英連邦王国（16か国）

ら派遣された大使は「この者を大使として認めてください」という信任状を相手国の国家元首に提出します。日本では、天皇に提出するからです。

余談ですが、皇居に信任状を提出する際、大使が希望すれば宮内庁の馬車に乗って、東京駅から皇居までまっすぐ一本の「行幸通り」を通って皇居に入ることができます。

EU離脱で英連邦との関係を強化へ

第2章で話しましたけど、イギリスは現在のEUに最初はしばらく入らなかったよね。申請してド・ゴール大統領に反対される前も、様子見していて消極的だったでしょう。それは、英連邦の国々の間で関税をなるべくかけないようにする取り組みをしていたからなのです。

イギリスにしてみれば、最初のうちは、何もヨーロッパ大陸と一緒にならなくてもいいと思っていた。でもEECになって、どんどんヨーロッパ大陸の経済が発展するのを見て、入ってきたわけです。ヨーロッパ大陸との関係が深まるにつれて、一時は、英連邦の存在意義に疑問を持つ声も出ました。

ところが、イギリスはEUを離脱することになった。そうしたら、英連邦諸国とのさらなる結束強化を図ると言っています。イギリス国民の中には、ＥＵを離脱するとイギリスの経済は打撃を受けるかもしれないけれど、まだ英連邦があるからなんとかなるだろう、と思っている人たちがいるのです。

確かに、英連邦には資源大国であるカナダ、オーストラリア、南アフリカ、インドといった国々も加盟しています。ハイテク技術が進むマレーシア、シンガポールなども含まれていて、世界規模の大きな経済圏として機能する可能性が大きいのです。英連邦の国々の間では、人とものの移動は、今、ものすごく自由になっています。

――イギリスはＥＵを離脱しても、経済が打撃を受けることは少ないのですか？

現在、ＥＵは世界五十数か国と関税免除の色々な貿易協定を結んでいます。イギリスはそれから全部離脱するわけ。五十数か国に対して、イギリスはこれから単独で交渉していかなければならないのです。だから、イギリスがＥＵから離脱すると、イギリス経済にとって大打撃になるだろうというわけです。まだ、なんの話し合いもできていない状態ですから。

――英連邦には、アフリカの開発途上の国々も加盟していますが、これらの国々にとってはどんなメリットがあるのですか？

まず、経済や技術開発の分野で加盟諸国からさまざまな援助やアドバイスを受けることができるよね。イギリスやカナダ、オーストラリアなどの大国のネットワークに入ることで経済的な恩恵を受けるチャンスもあります。それに、新興勢力であるアフリカ諸国にとって、国際的な英連邦会議で発言する機会を得られることもメリットなのです。

国際的な連携組織ファイブアイズ

英連邦諸国のうち四つの国が、アメリカと共に構成している国際的な組織があります。それぞれのスパイ組織が相互に情報を送り合っていて、五つの目、ファイブアイズと呼ばれています。

Q ファイブアイズを構成している英連邦の四つの国はどこでしょう?

――**イギリス、カナダ、オーストラリア……。**

三つ出ましたね、あとひとつはどこだろう。ヒントはオーストラリアに近い国です。

――**ニュージーランド!**

正解です。アメリカ、イギリス、カナダ、オーストラリア、ニュージーランド、この五つの国がファイブアイズです。

Q 五つの国には共通点があります。なんでしょうか？

――イギリスの植民地だった。

　はい、そうですね。アメリカもイギリスの植民地だったでしょう。民族でいうとアングロサクソンで、全部英語圏です。結局、イギリス以外の四つの国は、もともとイギリスの植民地で独立はしましたが、イギリスの仲間という意識がある。5か国で力を合わせて世界中でスパイ活動をし、情報を交換し合っている特殊な関係にあるということです。

　中国の通信機器大手のファーウェイの携帯電話や部品を使わないでくれと、アメリカが各国に働きかけているでしょう。

　とりわけ、ファイブアイズの仲間の4か国に、ファーウェイの部品を使わないでくれと言っています。なぜかというと、たとえば、アメリカが得た情報をイギリスやカナダに送っても、そこでファーウェイの部品によって、情報が全部中国に筒抜けは困る。だから、部品を使わないでくれと言っているのです。

　つまり、五つの国のスパイ組織が相互に情報を送り合っていることが、アメリカの働きかけでわかりますよね。

　イギリスは第3章で取り上げたＭＩ６に、アメリカはＣＩＡとＮＳＡ（アメリカ国家安全保障局）に、それぞれ情報が集約されるようになっています。５か国がさまざまな盗聴活動をしているわけです。

たとえば、日本国内での君たちの携帯電話の会話や、インターネットのやりとりは全部アメリカのＮＳＡが盗聴しています。君たちの携帯電話は全部録音されていますし、インターネットのメールのやりとり、これも全部ＮＳＡがスーパーコンピュータにデータを集めています。

ヨーロッパに関しては、イギリスが情報を集約し、それを全部アメリカに送っています。五つの国が世界中で盗聴して、それらをすべてアメリカのＮＳＡに送る。ＮＳＡが分析をし、イスラム過激派が爆弾テロを計画しているという情報があると、各国に連絡がいくシステムができています。

君たちの携帯電話やメールは全部ＮＳＡにチェックされていることを前提にしたほうがいいでしょう。ただし、日本国内にはイスラム過激派というのはまずいないし、ＮＳＡは集めた情報をいちいち見ていないといわれていますね。

だって膨大な量になるでしょう。世界中のさまざまな電話を全部チェックできないので、実際にはなんらかのアルゴリズムで、テロ組織が使うような特殊な用語をコンピュータでピックアップをしている。あるいは、電話でのやりとりに関しても、ある種の言葉についてだけピックアップし、怪しいものについてのみ、人がその文章を読んだり聞いたりして、テロが行われるかどうかを判断しているといわれています。

２００１年のアメリカ同時多発テロが起きたあとで、ＮＳＡが中東で盗聴していた電話のやりとりの中に、同時多発テロを起こすと言っていた会話が、記録されていたとわかりました。つまり、分析が間に合わなかったということです。そのあとアメリカでは、アラビア語ができる要員を大量に養成して、現在はチェックを強化しています。

三沢基地の秘密

アメリカとしては、このファイブアイズの次に協力関係にあるのが日本です。ですから、ファイブアイズの中で得た情報のうち、これは日本に知らせておいたほうがいい、という情報は日本側に伝えてきます。

日本国内の情報を、どこで盗聴しているかというと、青森県にあるアメリカ軍の三沢基地に、上空からの写真を見ると、まるで白いゴルフボールのようなものがずらっと並んでいます。

その正体は、レーダーのパラボラアンテナで、どっちの方向を向いているかわからないように、さらには、強い電磁波が出ているものだから、アンテナのすぐ近くを鳥が通ると焼き鳥になりかねないので、そうならないようにカバーしたものなのです。そこで私たちの電話などが全部盗聴されているということですね。

――盗聴がどうして許されているのですか？

もちろん、これは、日本国内でいえば違法になります。違法なのですが、スパイ組織というのは、それぞれの国の法律に関係なく、そういうことをやっているということです。

――日本国内にはイスラム過激派はまずいないし、アメリカのＮＳＡはいちいち集まった情報を見ていない、というお話でした。日本には通信傍受施設は不要なのでは？

三沢基地のパラボラアンテナは、日本国内の情報だけではなく、日本周辺国の軍事無線などを傍受しています。日本周辺国がどこかわかるよね？

――中国や北朝鮮ですか。

まだあるよね。

――ロシア？

そうです。中国、ロシア、北朝鮮ですね。みんな北のほうの国ですよね。だから、日本国内のアメリカ基地の中で、青森県三沢基地が選ばれているのです。

核兵器を持つ軍事大国イギリス

イギリスは16世紀のエリザベス1世の時代に、世界最強といわれたスペインの無敵艦隊を撃破して以来、世界一の海軍力を誇り、制海権を握りました。大英帝国が最盛期を迎えた19世紀末には、世界第2位のフランス海軍と第3位のロシア海軍の戦力を合わせたものと同等以上の海軍力を整備するという「二国標準主義」を掲げ、列強を圧倒していました。

大英帝国として最強の軍事力を持っていたイギリスは、現在も大変な軍事大国なのです（図表㉓）。世界で最初に核兵器をつくったのはアメリカでしょう。次がソ連、そして3番めがイギリスです。次がフランス、その次が中国という順番で核兵器をつくっていきました。

イギリスは1952年10月、最初の原爆実験をしました。同盟国のアメリカと情報交換をしながら、独自に開発を進めていたのです。

島国のイギリスには実験する場所がなかったため、英連邦に所属するオーストラリアが選ばれました。オーストラリア北西部にあるモンテベロ諸島で最初の実験が行われたのです。その後はオーストラリア中南部の砂漠地帯などで実施されました。

東西冷戦の時代、世界の核兵器競争はエスカレートし、その中でイギリスも軍事力を増強していきました。核兵器競争を中心に振り返ってみましょう。

まずアメリカが、広島と長崎に原子爆弾を投下しました。やがて、ソ連も核兵器を持つようになります。すると、アメリカとソ連がそれぞれ抑止力として核兵器を持つようになります。

最初は爆撃機に爆弾を積んでいきましたが、やがてミサイルが発明されます。ミサイルの先端に原爆を積めば、はるか遠くまでミサイルを撃ち込むことができます。

ソ連は、アメリカから核ミサイルが飛んできたら大変だ、アメリカの核ミサイルが地上にいる間にやっつけてしまおうと考えました。当然、核兵器を地上に置いておけば、敵の攻撃にさらされるわけだよね。ミサイルが

図表㉓—**イギリスの軍事力**

イギリスの軍事力データ

- **兵員**　23万3000人（推定）
- **航空戦力**　811
- **戦闘機**　129
- **戦車**　331
- **主要艦艇**　76（空母1隻）
- **軍事予算**　475億ドル

｜出典：Global Firepower 2019

核保有国の核弾頭数

アメリカ	6186
ロシア	6500
フランス	300
中国	290
イギリス	200
インド	130 〜 140
パキスタン	150 〜 160
イスラエル	80 〜 90
北朝鮮	20-30（推定）

｜出典：SIPRI yearbook 2019

スコットランドにあるクライド海軍基地。原子力潜水艦の母港として知られる

写真提供：時事通信社

飛んできて破壊されてしまう。

そこでアメリカは、アリゾナ、ネバダ、テキサスの地下に巨大なトンネルを掘り、ミサイルの発射口を砂漠のあちこちにつくっておいて、核ミサイルを積んだ列車を常に動かしながら、どこからミサイルが発射されるかわからないというシステムをつくりました。

地上にミサイル基地があれば、当然、そこがまず狙われます。それでは抑止力にならないので、地下につくったわけです。

さらに、核ミサイルを積んだ潜水艦を世界各地の海に潜ませておこうと考えます。もしソ連がアメリカのニューヨークやワシントンを核ミサイルで攻撃したら、ソ連のすぐ近くの北海に潜んでいるアメリカの潜水艦から核ミサイルを発射して、モスクワを全滅させてしまおう。そう考えて原子力潜水艦を展開させます。

イギリスはどうしたか？　小さな島国で広大な土地がないので、イギリス国内にミサイル基地をつくると、すぐにソ連につぶされてしまいます。そこでアメリカから情報提供を受けて原子力潜水艦をつくりました。原子力潜水艦に核ミサイルを搭載し、常に北海のソ連のすぐ近くの海底にずうっと潜ませておくというやり方、これでソ連からの核攻撃に備えるという仕組みをつくりました。

一方、ソ連も同じことを考えるわけだよね。ソ連も潜水艦に核ミサイルを搭載し、いつでもアメリカやイギリスをやっつけることができるように潜水艦を海中に潜ませます。すると、アメリカは何をしたかというと、ソ連の潜水艦を常に追いかける別の潜水艦をつくったのです。

戦略型原子力潜水艦と攻撃型原子力潜水艦というのがあります。戦略型原子力潜水艦というのは、ソ連という国をなくすだけの大量の核ミサイルを持っている、これが戦略型原子力潜水艦。攻撃型原子力潜水艦は、ソ連の潜水艦を撃沈するための潜水艦です。

ですから、東西冷戦時代、ソ連の港からソ連の原子力潜水艦が出ていくと、必ずすぐ近くにアメリカの攻撃型原子力潜水艦が潜んでいて、それを常に追いかけるということをやっていました。北極海ではソ連の潜水艦とアメリカの潜水艦が追いかけっこをしていたというわけです。

東西冷戦が終わってから明らかになったのですが、北極海で追いかけっこをしているうちに、潜水艦同士が衝突事故を起こしていたということがわかりました。

そして現在では、ソ連に替わって中国がアメリカと張り合っています。中国の海南島に原子力潜水艦の基地があります。最初は海南島の港にあったのですが、そこから潜水艦が出ていくと、すぐにアメリカにばれてしまうので、海中から出てくる海中基地をつくって、潜水艦が出ていくのが偵察衛星でわからないようにしました。

ひそかに海中から中国の潜水艦が出ていく。アメリカの潜水艦はその海南島のすぐ近くの海中に潜んでいて、中国の潜水艦が出てきたら追いかけるということを、今も東シナ海や日本海でやっています。追いかけっこが続いているということですね。

日本も核ミサイルの標的に

イギリスのライバル国であるフランスは、イギリスに次いで4番めの核保有国になりました。東西冷戦下で西側のフランスが仮想敵国にしていたのは、もちろんソ連ですが、ソ連だけではありません。

Q フランスがソ連のほかに、仮想敵国にしていたもうひとつの国はどこでしょう?

——**ドイツ。**

正解です。なぜドイツだと思ったの?

——**前の授業(第2章)で、フランスとドイツはすごく仲が悪いと聞いたので(笑)。**

隣同士の国は仲が悪いという話でしたね。第二次世界大戦が終わったあと、石炭の埋蔵量が多い国境付近のアルザス＝ロレーヌ地方はフランスの領土になった。でも西ドイツが再び奪いに来ることをフランスが警戒し、石炭と鉄鋼を共同管理するECSCをつくったのが、今のEUの始まりだったね。

フランスにしてみれば、常にドイツが仮想敵国だから、ソ連との戦争に備えるのと同時に、ドイツにいつでも核ミサイルを撃ち込むことができるようにして、自国の安全を守ろうとしたのです。

ちなみに、東西冷戦時代、ソ連や中国の核ミサイルは、当然、日本のアメリカ軍基地や自衛隊の基地を標的にしていました。

ソ連が崩壊して、ロシアのエリツィン大統領と橋本龍太郎首相がすっかり仲よくなって意気投合したら、エリツィン大統領が突然、よし、もう日本とはこれだけいい関係になったんだから、核ミサイルの標的から日本をはずすと宣言をしました。ということは、それまで日本を標的にしていたことを認めたわけだよね（笑）。

だから、今は標的になっていないはずですけど、コンピュータに座標を打ち込めば、すぐにまた標的になるわけですから。ちなみに、中国の核ミサイルは、もちろん、日本のアメリカ軍基地を狙っています。

ＥＵ離脱でイギリス軍が方針転換？

最近、イギリス国内で軍隊の方針が大きく変わっています。イギリスは、これまではＥＵに入っていました。ＥＵとして加盟国と軍事協力をしていました。ところが、ＥＵから離脱をしたら、イギリスは改めて軍事大国として世界で活躍しようじゃないかというわけです。

２０１８年6月、イギリス海軍が南シナ海に戦艦を派遣し、アメリカがやっている「航行の自由作戦」にイギリスも参加すると報道されました。

――それはどんな作戦なのですか？

中国が、南シナ海は全部、我々の海だという言い方をし、サンゴ礁を次々に埋め立てて、七つの軍事基地をつくりました。そこに戦闘機を配備し、南シナ海全部を中国がコントロールしようとしています。

国際社会は、中国の主張を認めていません。南シナ海はあくまで公海、自由に誰でも行ける海であることを示すために、アメリカの戦艦が南シナ海をわざと通って、ここは自由に航行できるとアピールしているのです。

すると、必ず中国の戦艦が追いかけてきて、アメリカの戦艦の航行を妨害するということが、南シナ海で行われています。イギリスもアメリカに協力をし、２０１８年9月、イギリスの揚陸艦《ようりくかん》が南シナ海を航行しました。

かつて、大英帝国は世界中の海に軍隊があった。それが、今、ＥＵの一員として小さくなってしまった。ＥＵから離脱をしたら、またかつての大英帝国のように世界中にイギリスの力を見せよう、そういう動きがあるということです。

——では、イギリスの軍隊はＥＵ離脱に賛成しているということですか？

そうではありません。イギリスは、もしＥＵから離脱するのであれば、新たに軍事力を強化しなければいけないと考えている、というだけで離脱に賛成しているという意味ではないです。

——軍事力を強化することを、イギリス国民はどう見ているのですか？

最近の軍事力に対してのイギリス国民の世論調査がないので、どう思っているかははっきりとはわかりません。でも、イギリスが軍事大国になることを誇りに思う人たちはいるだろうね。特に、イングランドの人たちの中にはかなりいます。

実は、イギリスの原子力潜水艦の基地はスコットランドにあります。スコットランドはもしイギリスから独立したら非核国家になると言っている。つまり、原子力潜水艦は出ていけ、ということだよね。スコットランドの人たちは、軍事大国になることに反対なのです。軍事力に対する考え方は地域によっても違う、ということですね。

――イギリスがEUを抜けることで、ヨーロッパの軍事に影響はありますか？

ＥＵとは別に、ＮＡＴＯ（北大西洋条約機構）という組織がありますね。ＮＡＴＯに加盟している国のどこかひとつでも攻撃されれば、ほかの国々が自分の国が攻撃されたように一緒になって戦うというものです。東西冷戦時代に、ソ連の攻撃に備えるためにできた集団防衛体制でヨーロッパの国々とイギリス、アメリカが入っています。

イギリスはＥＵから抜けてもＮＡＴＯからは抜けないので、現状においては恐らく変化はないでしょう。

イギリスは世界各地で戦争をしてきた

イギリスは、アメリカと同じように第二次世界大戦後も世界各地で戦争をしてきた国です。サッチャー政権だった１９８２年、フォークランド紛争というのがありました。アルゼンチンのすぐ目と鼻の先にフォークランド諸島というのがあります（地図⑦）。ここはイギリスが実効支配していて、イギリスはフォークランド諸島と呼んでいます。とこ

地図⑦—**フォークランド紛争**

フォークランド紛争とは

フォークランド諸島（マルビナス諸島）は1592年イギリス人航海者によって発見され、イギリスがスペイン、フランスと領有を争ったが、1833年以来、イギリスが実効支配してきた。

1816年にスペインから独立したアルゼンチンも領有権を主張しはじめ、1965年には国連が両国に平和的問題解決を促す。

1982年4月、アルゼンチンが占領を開始するも、サッチャー首相が強攻策に出て、同年6月、これを奪還し紛争は終結した。

ろが、アルゼンチンは、ここはマルビナス諸島でアルゼンチンの領土だと主張しています。

当時、アルゼンチンは軍事独裁政権でした。軍隊による独裁で国民を抑圧すると、必ず反発が起きます。反発が起きると、歴史的にどの軍事政権も同じことをします。外に敵をつくり出そうとするのです。

アルゼンチンの軍事政権はマルビナス諸島をイギリスから奪い返せと言って、マルビナス諸島を攻撃しました。当時、イギリスは油断していたので、警備の兵士があまりいませんでした。あっという間にマルビナス諸島はアルゼンチン軍に占領されてしまいます。

この時に、サッチャー首相はなんとしてもフォークランドを軍事力で奪い返さなければいけないと考え、軍隊をフォークランドに送ることを閣議決定しようとします。軍を動かすためには閣議決定が必要だからです。

ところが、イギリス軍をフォークランドに送ったら戦争になってしまうじゃないかと言って、大臣たちが反対をします。その時、サッチャー首相はなんと言ったのか。大臣たちは全員男性だったのですが、彼らをにらみつけて「この中に男はいないのか」と一喝したといわれています。いかにも「鉄の女」らしいエピソードではありますね。

サッチャー首相に怒られて、みんな渋々イギリス軍を派遣することに賛成し、イギリスから大軍がフォークランドに送られて、フォークランドをアルゼンチンから奪い返しました。ただし、大軍を送るだけの船がイギリス海軍になかったものですから、クイーン・エリザベス2世号という豪華客船をチャーターし、イギリス兵を乗せてフォークランドに送り込みました。

これがフォークランド紛争あるいはフォークランド戦争と呼ばれる戦いなのですが、この結果、アルゼンチンの軍事政権が崩壊します。現在、アルゼンチンは民主的な国になりましたが、今でもマルビナス諸島は自分たちのものだと主張しています。フォークランドには現在もイギリス軍がかなりの兵士を置いて警備しています。

湾岸戦争、イラク戦争でも戦った

イラクのクウェート侵攻が引き起こした1991年の湾岸戦争にも、イギリス軍は参戦しています。あるいは、2003年のイラク戦争でも戦っています。

Q イラク戦争とは、どんな戦争ですか?

――イラクに大量破壊兵器があるという口実をつけて、アメリカがイラクを攻撃した戦いです。

正解です。そのとおりですね。大量破壊兵器はありましたか?

――実際は、なかった。

そうですね。この時、ドイツやフランスは反対したのですが、イギリスはアメリカの味方をして、一緒にイラクを攻撃しました。

2001年のアメリカ同時多発テロがもとで始まったアフガニスタン紛争は今も続いています。イギリス軍からもタリバンの攻撃を受けた死傷者を出しています。ちなみに、イギリスは、19世紀にもアフガニスタンで戦争をしていました。『シャーロック・ホームズ』の小説で、初めてワトソンに会ったホームズが、あなたはアフガニスタン帰りですね、と見破るシーンがあります。

シャーロック・ホームズが刊行された頃、イギリスはアフガニスタンで戦争をしていた。大変な損害を出して、ほうほうので引きあげた。だけど、21世紀に入ってアメリカがアフガニスタンを攻撃するというので、イギリスがそれに参加した。結果、イギリスは再び、アフガニスタンで泥沼の争いになっているのです。

イギリスというのは、実は戦争をたくさんしてきた軍事大国でもあるのです。兵器をいっぱいつくっていますし、大量に輸出をしている国でもあります。アメリカの軍事力評価機関が毎年発表している世界の軍事力ランキング（2018年）で、イギリスは第6位です。ちなみに、5位フランス、4位インド、3位中国、2位ロシア、1位アメリカとなっています。

――イギリスと日本は島国であり、いろいろと共通点があるとわかったのですが、日本とイギリスの関係で、今まで話してきた以外に何かあるでしょうか？

それでいうと、戦前の話だけど、日英同盟ってあったでしょう。実は、日露戦争で日本がバルチック艦隊を破ったのはイギリスのおかげだということ、知っていますか？

――はい、バルチック艦隊の情報を逐一日本に伝えたのですよね。

さすが、よく知っているね。日露戦争の時に、ロシアは日本と戦うために、バルト海からバルチック艦隊を日本海まで送り込むわけだよね。日英同盟を結んでいたので、バルチック艦隊がはるばるとヨーロッパから日本に来る間、イギリスが逐一、バルチック艦隊が今、どこを通っているかということを日本に教えてくれたのです。

あるいは、イギリスの植民地だった港にはバルチック艦隊を入れない、入港させないという嫌がらせをしました。バルチック艦隊はへとへとになって、日本海までやってくる。日本はバルチック艦隊が来るのを待ちかまえていた。要するに、日本海海戦で日本がバルチック艦隊を破ったのは日英同盟のおかげという話ですね。それだけ、イギリスの情報網は強力だったわけです。

日英同盟がなくなって、イギリスを敵に回したのが第二次世界大戦の大きな敗因のひとつではないかといわれるくらい、イギリスは情報力があります。

そういう国と連携するのは、実はとても大事なことで、最近、イギリスがもしEUから離脱するならTPPに入りたいと言っています。TPPとは、環太平洋パートナーシップのこと。イギリスは太平洋じゃないよと言いたくなるけれども、今、改めてイギリスとの関係を強化しようとするのは、決して悪いことではないと思います。

アメリカとヨーロッパの間の国家

地理的に見ると、イギリスというのは、ヨーロッパ大陸からは少し離れていて、さらにその先にはアメリカがあるでしょう。アメリカとヨーロッパを結ぶ位置に、ちょうどイギリスという国があるわけだよね。

アメリカはトランプ大統領になって、ヨーロッパとの関係がものすごく悪化しています。トランプ大統領がドイツのメルケル首相のことを大嫌いなものだから、すっかりヨーロッパからそっぽを向いてしまっている。それでも、アメリカは、ヨーロッパの動向を常に見ています。

その時に、ヨーロッパとアメリカをつなぐ接着剤の役割を担うのがイギリスなのです。

イギリスというのは、ヨーロッパでもあり、ヨーロッパでないような場所でもあり、アメリカとヨーロッパの中間であるという立場を利用することによって、欧米を結びつけることができるのです。これは、地政学による考え方です。

それぞれの国はそれぞれの地理的な状況におかれて、どのような行動をとるのだろうかということを分析する学問、これが地政学という学問です。

たとえば、中国というのは、これまでは大陸国家だった。ユーラシア大陸の国家だったけれども、最近、南シナ海や東シナ海にどんどん出ていこうとする。それで海洋大国にもなろうとしているのではないか――地理的な状況から、こんなふうに行動を分析するわけです。地政学は、近年注目されている学問ですので、参考にしてください。

日本と核兵器

――イギリスが、今でも大国なのは、核兵器を持っているからとも思えるのですが、池上さんは、日本も大国となるために、憲法を改正して核兵器を持つということが、今後あり得ると考えていらっしゃいますか?

日本は憲法を改正しないでも核兵器を持つことができると、歴代の内閣は言っています。

日本は憲法で戦争放棄しているでしょう。でも、一方で自衛隊を持っていて、自衛隊というのは自衛のための必要最小限の実力組織だという言い方をしている。

じゃあ、その必要最小限の実力組織はどんな兵器が持てるのかという国会の審議の中で、岸信介内閣、現在の安倍首相のおじいさんの岸さんが、核兵器だって自分の国を守るためであれば持つこともできる、と答弁しています。だから、歴代の内閣はそのままずうっとそれを引き継いでいます。

核兵器は最大の兵器じゃないかと突っ込みたくなりますが、今の憲法のもとでも核兵器を持つことができるというのは、歴代の内閣の方針。ただし、日本には非核三原則があるでしょう。核兵器を持たず、つくらず、持ち込ませずという非核三原則があるから核兵器は持たない、それが今の方針です。核兵器を持つということと憲法改正はつながらないのです。

ちなみに、日本が核兵器を持てるかどうかという話をすると、これはいい悪いに関係なく、物理的に日本は核兵器を持てません。なぜだかわかりますか？

――**わからないです。でも、知りたいです。**

では、少し説明しましょう。日本には原子力発電所があるからプルトニウムがあります。専門家に言わせると、日本の科学技術であれば、3か月で核兵器がつくれるそうです。

でも、核兵器を持った場合、核拡散防止条約から脱退しなければいけない。核兵器を持ちませんという条約から脱退をする。そうすると、脱退した国は国際的な経済制裁を受けて、ウランを輸入できなくなります。ということは、日本の原子力発電所がいずれ全部止まってしまうということだよね。

つまり、日本が核兵器をつくり始めた途端、日本はウランが輸入できなくって、原子力発電所は止まってしまう。でも、これまでのプルトニウムがいっぱいあるから、核兵器はつくれる、ということです。

仮に核兵器をつくったとします。核ミサイルができました。どこに置きますか？

――……？？

日本は狭いでしょう。どこかに基地を置いたら、間違いなく狙われますよね。それでは抑止力になりません。たとえば、南アルプスに穴を開けて、そこのトンネルに秘密基地をつくるとしましょう。だけど、それを工事する作業員がいるわけです。すぐバレますよね。どこに秘密基地があるかって、すぐわかっちゃうでしょう。

つまり、日本の国土に核ミサイルを置くことは現実的ではありません。そうすると、イギリスと同じやり方をとるしかありません。原子力潜水艦に核ミサイルを積んで、日本海や東シナ海のどこかにひそかに潜ませておくというやり方をとらなければいけない。

だけど、日本の潜水艦はディーゼル型で、原子力潜水艦ではない。ディーゼルだからずうっと長期間潜ったままでいられません。一方、原子力潜水艦は、海中で海水を電気分解して、酸素をつくっているから、何か月でも潜っていられます。

日本はディーゼル型の潜水艦だから、いずれ浮上しなきゃいけない。あるいは、シュノーケルを出して空気を供給しなければいけない。そんなのを出したら場所がわかってしまう。ということは、核ミサイルを持つためには原子力潜水艦をつくらなければいけない。そんなものがはたしてつくれるのか？

さらに、原子力潜水艦1隻だったら、ずうっと海中の同じところに置いておくわけにいかないでしょう。乗務員を交代させなければいけないから、基地に戻ってきますよね。その間、抑止力がなくなるわけでしょう。修理もしなければいけない。原子力潜水艦は、原則、3隻なければ核抑止力にはならないのです。

もし日本が核兵器を持とうとするなら、原子力潜水艦を3隻つくって、それだけの要員を訓練しなければならない。さらに、日本の原子力発電所が止まってしまうことを考えれば、物理的に日本は核兵器を持てない、という結論に達するわけです。

核兵器を持つことがいいことか悪いことか、いろいろ議論はあるでしょう。それは君たちそれぞれが考えてほしいのですが、物理的に日本が単独で核兵器を持つのは無理だ、ということなのです。

シェイクスピアとビートルズの国

授業もそろそろ終わりになりましたが、最後にもうひとつ。イギリスという国を見る時、忘れてはならないのは、世界的にさまざまな文化を新たに生み出している国でもあるということです。文学作品でいえば、シェイクスピアを生んだ国でもあるわけだよね。作品は演劇としても上演されましたが、その演劇もまたイギリスで発展したもののひとつです。

君たちもやがて大学を出て、社会に出ていく。社会でさまざまな国の人たちと話をする機会があるでしょう。相手がさりげなくシェイクスピアの一節を披露した時に、それがなんのことかわからなかったりすると恥をかくわけだよね。たとえば、シェイクスピアの本を読んでいるかどうかということが教養人としてのひとつの基準になったりするわけです。

以前、東北の復興に協力しようと、海外から大勢の人がやってきた時に、たまたまイギリスから来た女性を取材する機会がありました。その女性がジュリエットという名前だったのです。

思わず私が、"Oh, Romeo, Romeo! Why are you Romeo?"と言った途端、彼女がにっこりして、日本に来て、そんなことを言ってくれたのはあなただけだわと言われました。これは何のことかわかる?

――シェイクスピアの『ロミオとジュリエット』でジュリエットが言う「どうしてあなたはロミオなの」というセリフですよね。

そのとおりです。彼女が言うには、ジュリエットという自分の名前を言っても、日本の人たちが誰も『ロミオとジュリエット』を思い起こさなかったらしい。ジュリエットという名前を聞いて、このセリフを出したら、そこで思わず点数を稼げたというわけです(笑)。相手の態度ががらりと変わりました。

みなさんは、受験勉強も大変だろうけど、シェイクスピアもある程度有名な作品は読んでおくというのが、やっぱり大事なことだと思います。

その一方で、イギリスは、ビートルズのような、それまでの音楽を一変させた世界的な大人気バンドも生み出しているわけですね。この授業のはじめに、イギリスといえばロックミュージックと答えた人もいたね。

ビートルズがリバプールの出身だということはよく知られていますが、彼らがアイルランド系だということは知っていましたか? リバプールにアイルランド系が多いのは、「ジャガイモ飢饉」の時に多くのアイルランド人がこの地に移り住んできたからなのです。

彼らは地元のことをよく曲にしています。たとえば『ペニー・レイン』という歌があります。ペニー・レインって、レインは雨（Rain）じゃないんだよね。中学生の時に『ペニー・レイン』の歌を聴いていて、どうしてペニー（Penny小銭）の雨なんだろうと思ったけど、Lane（小道）なのですね。ペニーという名前の小道、リバプールにペニー・レインという通りがある。それを歌ったものだったのです。

あるいは、『ストロベリー・フィールズ・フォーエバー』という曲。これもリバプールにあったストロベリー・フィールドという孤児院のことで、ジョン・レノンが近所に住んでいて、よく遊びに行ったのだそうです。そこから着想を得たというわけね。

ビートルズの4人は労働者階級の出身でした。彼らにとって身近な場所のことを曲にしたのだと、あとになって知りました。

ちょうど私が高校生の時に、ビートルズが来日しました。この時にビートルズの日本武道館での公演には絶対行くなというお達しが各学校から出ました。不良になるから行くなというわけですね（笑）。不良に近づくなという状態だったのが、いまや、代表作の『イエスタデイ』が音楽の教科書に載るくらいですから、それだけ受け入れられたということですね。

上流階級のシェイクスピアがあるかと思えば、労働者階級からはビートルズが生まれるという、これもまたイギリスという国ですね。本当にイギリスというのは多様な顔を持つ国です。ＥＵ離脱をめぐる政治の混乱だけを見ていると、なかなかイギリスの全体像が見えないのです。

さあ、時間になってしまいましたね。これまでイギリスって、なんとなくわかったような国だったかもしれないけど、意外なことがわかったのではないでしょうか。また逆に、わからないなという疑問も増えたかもしれませんね。それが大事なのです。とりあえず、何かがわかったことによって、新たな疑問が生まれるわけでしょう。ここからは、君たちがぜひ自分で調べてほしいなと思います。

それこそ『シャーロック・ホームズ』を読むだけでも歴史がわかります。やっぱり、シェイクスピアを、全部なんて言いませんけど、ちょっとは読んでみるということもまた大事だし、『マイ・フェア・レディ』を見ることもお薦めするというわけですね。

ここからは、もう自分で勉強しましょう。私はそのためのヒントを与えただけなのです。じゃあ、これで終わりにします。

——（生徒代表）「イギリスとＥＵ」というテーマの授業だったのですが、日本の現在の情勢や、私たち国民一人ひとりのあり方についても通ずるものがあったな、というふうに感じました。世界の問題がまるっきり他人事《ひとごと》じゃなくて、私たちもきちんと見つめ直していかなくてはいけないと再確認する、いい機会となりました。

今回の授業で学んだことや感じたことをしっかりと今後に生かせるようにがんばります。ありがとうございました（拍手）。

イギリスとEU略年表

（本書に関連した項目を中心に作成）

1215 イングランドでマグナカルタ（大憲章）公布。
1284 イングランドがウェールズを支配下に置く。
1337 百年戦争（〜1453）。
1455 ばら戦争（〜1485）。
1534 イングランド王ヘンリー8世が首長法を制定し、英国国教会を創始。
1536 イングランドとウェールズが統合。
1541 ヘンリー8世がアイルランド王を自称。
1600 イギリスで東インド会社設立。
1603 スコットランド王ジェームス6世がイングランド王ジェームス1世となり、同君連合体制となる。
1642 ピューリタン革命。
1649 チャールズ1世が処刑され、共和制へ。
1660 王政復古。チャールズ2世即位。
1688 名誉革命。
1707 イングランドがスコットランドを併合し、「グレートブリテン連合王国」成立。
1801 グレートブリテン連合王国がアイルランドを併合し、「グレートブリテン及びアイルランド連合王国」成立。
1844 ピール銀行条例成立により、イングランド銀行が中央銀行としての地位を得る。
1845 この年からアイルランドでジャガイモの葉枯れ病が流行し、大飢饉となる（〜1849）。
1853 クリミア戦争（〜1856）。
1914 アイルランド自治法が英議会で成立するも、第一次世界大戦勃発で実施は延期に。
1916 アイルランドの民族主義者が武装蜂起（イースター蜂起）。
1919 アイルランド独立戦争起こる（〜1921）。
1922 アイルランドの北部アルスター地方を除いた、アイルランド自由国が樹立。
1931 ウェストミンスター憲章成立。英連邦が設立。
1939 第二次世界大戦勃発（〜1945年）。
1946 チャーチル、アメリカで「鉄のカーテン」演説。
1948 国民保健サービス（NHS）が実施される。
1949 アイルランド独立でアイルランド共和国成立。「グレートブリテン及び北アイルランド連合王国」成立。
1952 2月、エリザベス2世即位。
7月、フランス、ドイツ（西ドイツ）など6か国が欧州石炭鉄鋼共同体（ECSC）を設立。
10月、イギリス最初の原爆実験。
1958 1月、欧州経済共同体（EEC）、欧州原子力共同体（EURATOM）設立。
4月、一代貴族法制定。
1967 欧州共同体（EC）が誕生。

1968 北アイルランド紛争勃発。
1973 イギリス、アイルランド、デンマークがECに加盟。
1975 EC離脱を問う国民投票実施。反対多数で残留が決定。
1979 サッチャーが初の女性首相に就任、保守党政権に。
1981 ギリシャがECに加盟。
1982 フォークランド紛争勃発。
1985 シェンゲン協定調印（1995年発効）。
1986 スペイン、ポルトガルがECに加盟。
1989 ベルリンの壁崩壊。
1991 湾岸戦争勃発。イギリス参戦。
1992 マーストリヒト条約調印。
1993 欧州連合（EU）誕生。
1995 オーストリア、スウェーデン、フィンランドがEUに加盟。
1997 ブレアが首相に就任し、19年ぶりに労働党政権に。
1998 ベルファスト合意で北アイルランド紛争終結。
2002 単一通貨ユーロの流通開始。
2003 イラク戦争勃発、イギリスも参戦。
2004 中・東欧8か国とキプロス、マルタがEUに加盟。
2005 この頃よりEU加盟国からイギリスへの移民が増加。
2007 ルーマニア、ブルガリアがEUに加盟。
2009 欧州連合条約を修正したリスボン条約発効。
2010 キャメロンが首相に就任し、保守党政権に。
2011 下院の選挙制度改革を問う国民投票を実施。反対多数で現状維持。
2012 ロンドンオリンピック開催。
2013 1月、キャメロン首相が次の総選挙で保守党が勝利したら、EU離脱の是非を問う国民投票を実施すると言明。
7月、クロアチアがEUに加盟（28か国に）。
2014 9月、スコットランドで、イギリスからの独立の是非を問う住民投票が行われ、反対が過半数となり残留。
2015 5月、イギリス総選挙で保守党が勝利。
2016 6月、イギリスのEU離脱の是非を問う国民投票が行われ、僅かな差で離脱が決定。キャメロン首相が辞任表明。
7月、テリーザ・メイが首相に就任。
2017 3月、イギリスがEUに正式に離脱を通告。
2018 6月、離脱期限は2019年3月29日となる。
2019 1月15日、離脱協定案を英議会が否決（1回め）。
3月12日、英議会が離脱協定の修正案を大差で否決（2回め）。20日、メイ首相がEUに60日間の離脱延期を要請。21日、EUが短期の離脱延期を承認。23日、ロンドンでEU離脱を問う国民投票の再度実施を求める100万人デモ。29日、離脱協定案が英議会で否決（3回め）。
4月10日、EUの臨時首脳会議でイギリスの離脱期限を10月31日とすることで合意。
6月7日、メイ首相が辞任を表明。
7月23日、保守党党首選で、前外相で離脱強硬派のジョンソンが選出され、24日、首相に就任。
10月17日、イギリスとEUが離脱協定案の修正に合意も、英議会では採決されず、EUに離脱期限の延長を要請。28日、EUが2020年1月31日までの離脱延期を承認。

おわりに

イギリスの国会の下院の議場の映像を見たことがありますか。狭い議場の中で、保守党と労働党のトップが向かい合い、言葉を尽くして相手を説得しようとします。他の議員は、長椅子に座って、討論をしている自党の党首を応援します。イギリスは、言葉を大事にしている国です。与党の大臣が、官僚が用意した原稿を棒読みするようなことは起きません。

いくらＥＵ離脱をめぐって混乱しても、やはり民主主義の大国なのです。

ＥＵ離脱をめぐって問題になったのが、アイルランドと北アイルランドの国境を復活させるかどうかでした。アイルランドが南北に分断されているのは、カトリックとプロテスタントの対立が背景にあります。

なぜ対立が起こったかといえば、16世紀のイングランド王、ヘンリー8世にさかのぼります。身勝手な王様のわがままが、現代にまで尾を引く。歴史というのは面白いものです。

私たちが学校で習う「外国語」とは英語です。英語はイングリッシュ。つまりイングランドの言葉です。イングランドの言葉が世界の共通語に発展しました。

その英語を駆使してシェイクスピアの戯曲が生まれました。推理小説の古典といえばシャーロック・ホームズです。英語をマスターすると、学べる世界が広がります。

イギリスの学校制度もよく話題になります。徹底したエリートを養成するパブリックスクールの教育法が日本で注目され、全寮制の中高一貫校も誕生しています。イギリスのエリートは、偉ぶったところがなく、「社会に尽くす」という責任感をもっています。どうすれば、それが可能になるのか。本当の意味の「エリート」を養成するうえで、イギリスから学べることは多いでしょう。そして世界の大学ランキングで常にトップを争っているのが、オックスフォードとケンブリッジです。なぜ世界のトップ大学でいられるのか。イギリスという国には興味が尽きません。

今回は、東京都立富士高校のみなさんに協力をいただき、授業をして本にまとめました。高校生らしい質問や指摘があるかと思えば、思わぬ反応に目を見開かされる思いもしながら授業をすることができました。生徒さんや学校の先生たちに感謝いたします。

池上　彰

本書を刊行するにあたって、
東京都立富士高等学校の
先生や生徒のみなさまにご協力いただきました。
厚く御礼申し上げます。
——編集部

池上彰の世界の見方

Akira Ikegami, How To See the World

イギリスとEU

揺れる連合王国

2019年12月3日 初版第1刷発行

著者

池上 彰

発行者

小川美奈子

発行所

株式会社小学館

〒101-8001 東京都千代田区一ツ橋2-3-1

編集03-3230-5112 販売03-5281-3555

印刷所

凸版印刷株式会社

製本所

株式会社 若林製本工場

 ISBN978-4-09-388733-5

構成・岡本八重子／**ブックデザイン**・鈴木成一デザイン室

DTP・昭和ブライト／**地図製作**・平凡社地図出版株式会社

編集協力・西之園あゆみ／**校正**・小学館出版クォリティーセンター

撮影・五十嵐美弥（本文）、岡本明洋（カバー、帯）

制作・星一枝、太田真由美／**販売**・大下英則／**宣伝**・堀敏也／**編集**・園田健也